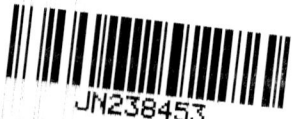

美しい盛りつけのアイデア

料理は器と盛りつけでこんなに表情が変わる。

ひとつの料理を盛りつけるとき、どんなことを頭に描きますか？

人数分を大皿に盛るのか、1人分ずつ上品に盛りつけるのか。また、季節感を出しつつ、料理をどう見せるか…など、盛りつけは多方面から考えられます。

器も重要な要素のひとつ。器の形、色、質感によって、料理の盛り方が変わり、フォーマル、カジュアル、フェミニン、スタイリッシュ、クラシック、モダン、ヨーロッパ風、エスニック風など、思い思いの印象を表現することもできます。

また、料理の構成要素をどう組み立てるかということも、重要なポイント。食材の組み合わせ方や切り方、ソースなどを計算して盛りつける場合、彩りよく見せたければ、赤、黄、緑などの食材を組み合わせる。シンプルにかっこよく見せたければ単色で作る。切り方、長さなどにも工夫をこらして、いかに器の上で料理がおいしそうに、印象的に見えるかを考え、料理を美しく盛りつけます。

器と料理の盛りつけ方をアレンジしていくことで、ひとつの料理がこんなに表情を変え、私たちの目の前で魅力を増していく姿は、驚きと感動を与え、より豊かな気持ちにさせてくれるに違いありません。美しい盛りつけの世界をたっぷり堪能していただき、より素敵な食卓を描いていただけたらと思います。

大さじ 15CC

Contents

この本の使い方

●材料は４人分を基本としています。それ以外のものは、作りやすい分量を基準に設定しています。
●計量単位は、1カップ＝200ml、大さじ1＝15ml、小さじ1＝5mlとしています。
●電子レンジは500Wを基準にしています。加熱時間は600Wなら0.8倍、700Wなら0.6倍にしてください。
●器はすべて参考商品です。器のサイズの目安を記してあるので、購入する際の参考にしてください。
●バターは食塩不使用のもの、小麦粉は薄力粉です。
●砂糖はグラニュー糖と上白糖の甘さの質が違うので、レシピによって使い分けています。

野菜のサブ料理

刺身料理

あえ物料理

麺・パスタ

ごはん・リゾット

Part 1

料理別
盛りつけ
アイデア
テクニック

器と料理の関係をマスターする

料理を美しく盛りつける上では、器と料理の相互関係のバランスをととのえることが最大の基本。最初にしっかり覚えておきましょう。

1 配色を考える

料理に一番大きな影響を与えるのが「配色」です。赤、黄、緑、白、黒の5色を料理に取り入れることによって、料理は華やぎを増すとともに、美しく見せ、そしておいしさにつながっていきます。また、反対に単色でまとめることによって、スタイリッシュ、モダンな印象を与えることもできます。盛りつけるイメージに合わせることがポイントです。

多色（5色）

赤、黄、緑、白、黒の5色のように料理の色の要素が多くなると、華やかな印象になる。

単色

白や茶1色など、単色にすることでスタイリッシュ、モダンなどの洗練された印象を与える。

2
器に対する料理を盛る量

器に盛りつけるとき、余白のとり方によって、料理の印象が変わってきます。レストランや料亭のようにエレガントで上品に見せたいときは、余白をたっぷりとり、料理と器の美しさを引き出します。また、ボリューム感を出したいときは余白を少なめにします。

余白たっぷりでエレガントに

余白をたっぷりととると、上品な印象に。余白は5割ぐらい開けるのがポイント。

余白少なめでダイナミックに

ダイナミックにボリューム感を表したいときは、余白は少なめに。

3
お皿の形と高さ別盛りつけ

鉢に麺料理やあえ物を盛りつけるときは、円すいの細めの山型に盛ると上品な印象に。平皿に料理を盛るとき、立体的に見せたいときは山型を意識するとダイナミックな印象に。西洋料理のようにお皿に対してデザイン的な要素を入れたいときは平面に盛ります。

山型盛り

単品で立体感やボリューム感を出したいときに。鉢には、真横から見て上1／3ぐらいが見えるように盛る。

平面盛り

真上から見て模様を描くように意識することがポイント。上から見た美しさを表すときに。

1 黒酢酢豚を盛りつける

黒酢あんをからめたり、ソースとして敷くなど、
盛りつけに変化を出しやすい酢豚。
切り方、並べ方を工夫すれば、いつもとは違う表情を見せてくれます。

大皿に盛る

レタスカップを1人分の器として見立て、黒い大皿に並べる

レタスカップに1人分ずつ盛ることで取り分ける手間が省けます。黒っぽい料理に黒い器は暗い表情に。薄い緑を差し込むことで、グッと全体が引き立ちます。

1 **レタスカップを大皿に並べる。**
2 **それぞれに酢豚をスプーンで盛りつける。**
3 **器の中心にこんもりと香菜をのせる。**

◎盛りつけポイント

皿のサイズに合わせてレタスカップを置く
盛りつける皿の径に合うように、あらかじめ、レタスカップの大きさを調整しておくのがポイント。

レタスカップの中にそれぞれ盛りつける
スプーンですくって、それぞれのレタスカップに盛りつけます。やりづらい場合は、箸で盛りつけて。

Recipe

黒酢酢豚

材料（4人分）
豚もも肉200g、玉ねぎ1/2個、パプリカ（赤・黄・オレンジ）各1/4個、レタス4枚、A（黒酢・砂糖各大さじ4、ウスターソース小さじ2、しょうゆ大さじ1と1/2、水溶き片栗粉：水大さじ4＋片栗粉大さじ1）、塩・こしょう・片栗粉・揚げ油・香菜各適量

作り方
1 豚肉、玉ねぎ、パプリカは一口大に切る。豚肉は塩、こしょう、片栗粉をまぶす。
2 レタスは形よく葉先を切りととのえる。Aを合わせ、よく混ぜる。
3 揚げ油を160℃に熱し、玉ねぎ、パプリカを素揚げして取り出し、油を170℃に上げて豚肉を揚げて油をきる。フライパンにAを混ぜながら熱して、とろみがついたら肉と野菜を加えてからめる。レタスに盛りつけて皿に並べ、香菜を添える。

※器はすべて参考商品です。

肉のメイン料理

薄いグリーンのレタスカップが、
全体の表情を鮮やかに見せてくれます。
レタスカップごと取り分けられるから、
手軽でうれしい。

大皿（黒）　直径30cm 高さ3cm／つやのある黒の大皿はおもてなしに大活躍。4人分以上の料理を盛りつけるときに。
カラフェ　口径8cm 高さ15cm／取っ手つきだから、紹興酒などの酒器に。
リキュールグラス　直径5.5cm 高さ11cm／ステム（脚）つきのグラス。紹興酒用には小さめがおすすめ。

多色　余白少なめ　山型

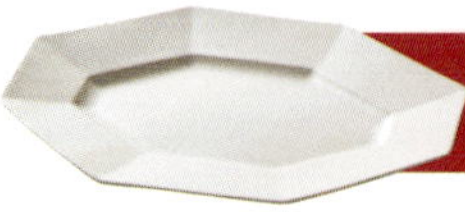

変形皿に盛る

パプリカ、オクラの素揚げを線を生かして盛りつける

豚肉だけを黒酢あんでからめ、野菜はすべて素揚げに。食材を細長く切って、カラフルな縞を作りながら並べることで、酢豚とつけ合わせ野菜のイメージに。

1 細切りの酢豚を皿の中心に線を揃えて盛りつける。
2 素揚げしたパプリカを酢豚の横に揃えて盛りつける。
3 オクラの素揚げを黄色パプリカの横に盛りつける。

多色　余白少なめ　平面

◎盛りつけポイント

細切りにした酢豚、素揚げした野菜を平行に並べる

中心に黒酢あんをからめた豚肉を縦に並べ、両脇に色が映えるようにパプリカとオクラを平行に並べて。

Arrangement Recipe

玉ねぎ以外の材料はすべて細長く切り、ガクを取り除き、板ずりしたオクラを3本プラスする。野菜は素揚げにして塩、こしょうをする。豚肉だけを黒酢あんでからめる。

変形皿（白） 21.5×30cm 高さ2cm／白いマットな八角皿。横長に使ってスタイリッシュな印象に。

※器はすべて参考商品です。

深鉢に盛る

角切り野菜をトッピングして、スタイリッシュに

酢豚はプレートだけでなく、鉢に盛りつけてモダンチャイニーズな雰囲気に。黒酢にからめた豚肉を深鉢に盛り、角切り野菜を薬味風にトッピング。下にごはんを敷いて丼風にしても。

1 角切りの酢豚を山型に盛りつける。
2 小さめの角切りにし、素揚げしたパプリカ、玉ねぎを上に散らす。
3 香菜を天盛りにする。

◎盛りつけポイント

酢豚の上に素揚げ野菜を彩りよく散らす

豚肉を深鉢にこんもりと盛り、素揚げ野菜を彩りを見ながら散らして。香菜を添えれば全体が引き締まったイメージに。

Arrangement Recipe

豚肉はやや多めの量320gで一口大に、玉ねぎ、パプリカは量を半分にして1cm角に切る。野菜は素揚げにして塩、こしょうをする。豚肉に黒酢あんをからめたら、器に盛りつけ、野菜をトッピングする。

深鉢（白） 13×13cm 高さ7.5cm／四角いふちの形がスタイリッシュな鉢。丼としても使える。変形プレート（黒） 21×20cm 高さ2cm／丸みのある三角形のプレートを下皿にすれば、よりスタイリッシュな雰囲気に。

多色 余白少なめ 山型

リム広プレート 直径27cm 高さ3cm／リムの余白を生かした盛りつけに。プレートの光沢感がゴージャスな雰囲気。

多色 余白多め 山型

リム広プレートに盛る

ソースと具材を分けて盛りつければフレンチ風に

黒酢あんを皿の上に横に敷いて、素揚げの豚肉と野菜をクロスするように盛りつければ、ヌーヴェル・シノワ風に。自分で味を調整しながら、いろんな濃度で食べることができます。

1 酢豚のソースを皿に対して横に敷く。
2 ソースの上に素揚げした豚肉とパプリカ、玉ねぎを交わるように盛りつける。
3 香菜を散らす。

◎盛りつけポイント

ソースを敷いてフレンチ風に

黒酢あんをソースに見立てて、具材と分けて皿に盛ればいつもと違う印象に。

Arrangement Recipe

あんを多めに作ってソースのように下に敷く。豚肉と野菜は素揚げして盛りつける。

2 鶏肉のウィンナーシュニッツェル風を盛りつける

子牛の肉を使ったウィーンの名物料理、ウィンナーシュニッツェルを鶏肉でアレンジ。
お肉そのものの形状を変えることで、表情に変化をつけることができます。

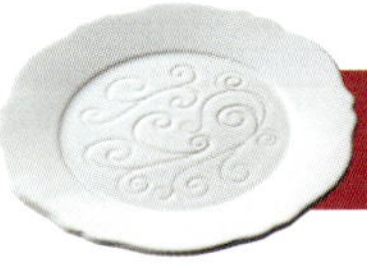

白い洋皿に盛る

大きくのばした鶏肉の上に、3色の飾りを平面的に見せる

鶏肉をたたいて大きくのばし、細かいパン粉をつけて揚げ焼きにして、そのままの大きさを生かして盛りつけます。パセリとゆで卵のみじん切りで彩りと味の変化を楽しんで。

1 鶏肉のウィンナーシュニッツェルを皿の中心に盛りつける。
2 上にゆで卵の白身と黄身を刻んだものを隣合わせに飾る。
3 黄身の横にパセリのみじん切りを飾る。

◎盛りつけポイント

3色の飾りを模様に見えるように飾る

平面的な盛りつけは、真上から見て模様になるように飾るのがコツ。3色の縞が西洋料理のイメージに。

Recipe

鶏肉のウィンナーシュニッツェル

材料と作り方（4人分） ゆで卵2個は白身と黄身に分け、みじん切りにする。パン粉適量はザルに通して細かくする。鶏もも肉2枚は厚い部分を包丁で切り開いて、肉たたきでのばし、半分に切る。塩・こしょう各適量をし、小麦粉・溶き卵・パン粉各適量を順にまぶしつける。フライパンにオリーブオイルを1cm深さ程度熱し、揚げ焼きにする。油をきって皿に盛り、みじん切りにしたゆで卵とみじん切りにしたパセリ大さじ3をのせ、レモンのくし形切り適量を添える。

白い洋皿　直径28cm 高さ2.5cm／リムのカーブが美しいプレート。ぽってりとした質感が温かい雰囲気。
ボウル（白）　直径14cm 高さ4cm／1人分のサラダボウルは、添えのレモンやトッピング材料を盛りつけても。
ワイングラス　口径7cm 高さ12.5cm／ステム（脚）が短い安定感のあるワイングラス。プレートの質感に合わせて厚めのものを。

※器はすべて参考商品です。

黒いプレートに盛る

鶏肉をロールにして立てて盛り、黒い器でモダンな印象に

たたいた鶏肉でレモンの皮を巻いてロール状にして立てて盛りつけます。黒いプレートの上に角切りポテトとレモン汁のソースをあしらい、全体を引き立たせて。

1 ウィンナーシュニッツェルを半分に切り、立てて盛りつける。
2 角切りのフライドポテトを皿のふちに沿って均等に置く。
3 フライドポテトの間にレモン汁のソースを置き、パセリを飾る。

◎盛りつけポイント

レモン汁のソースと角切りポテトを周りに散らす

黒のプレートの余白を生かして、小さめの角切りポテトとレモン汁のソースを円を描くように盛りつけて。

Arrangement Recipe

たたいた肉でレモンの皮のせん切り1/2個分を巻いて楊枝で留め、パン粉をつけて揚げる。半分に切り、立てて盛りつける。素揚げにしたパセリをのせ、じゃがいもの小角切り40gも水にさらしてから素揚げにして周りに添える。アンチョビ2切れをたたいてレモン汁小さじ2と混ぜたソースを周りに落とす。

プレート（黒） 直径28cm 高さ2.5cm／1人分を上品に盛りつけるためには少し大きめのプレートを。リムの縞がモダンな雰囲気。

オーバル皿に盛る

細長く切った鶏肉とトマトソースを平行に盛りつける

たたいて1枚を縦に4等分にした鶏肉2枚を揚げ焼きにして、オーバル皿に平行に並べ、肉の間にトマトソースを敷き、トッピングはせん切りのフライドポテトを山型に盛りつけて。

1 細長いウィンナーシュニッツェル2本を皿に平行に並べる。2本の間にトマトソースを平行に盛りつける。
2 真ん中にせん切りのフライドポテトを盛り、パセリのみじん切りを全体に散らす。

オーバル皿（白） 22×31cm 高さ3.5cm／厚手のオーバルプレートを1人用に使うと、カジュアルな雰囲気に。

◎盛りつけポイント

上から見て、横縞に見えるように盛る

平面に盛るときは、真上から見て模様を描くように意識するのがポイント。

Arrangement Recipe

鶏肉は縦長に切って、同様に揚げ焼きにする。トマト2個とレモンの果肉1/2個分の1cm角切り、塩・こしょう各適量を混ぜてソースにし、せん切りにしたじゃがいも1/2個分を水にさらしてから揚げ油適量で素揚げにしてトッピングする。パセリのみじん切り少々をふる。

3 鴨のローストを盛りつける

鴨肉は甘酸っぱいものがよく合うので、3種類のフルーツをあしらいに。
また、切り方では変化がつきにくいので、並べ方を工夫して。

リム広プレートに盛る

パイナップルの輪切りを利用して、お花のように鴨を盛りつける

単色　余白多め　山型

厚めのパイナップルの輪切りのソテーを皿の中央に置き、穴に鴨肉を入れながらお花のように盛りつけて。皿の余白は角切りパイナップルとソースで飾ります。

1 パイナップルのバターソテーを皿の中心に盛りつける。
2 パイナップルの穴に鴨のローストを花びらのように盛る。
3 皿の余白にパイナップルの角切りを飾り、ソースを添える。

◎盛りつけポイント

鴨は箸と手で形をととのえながら盛るのがポイント

スライスした鴨のローストを花に見立てながら盛るコツは、盛りつけ箸を使って美しい曲線を描くことです。

Recipe

鴨のロースト

材料と作り方（4人分）　鴨胸肉2枚は皮目に5mm幅で縦に包丁で切り込みを入れ、塩・こしょう各適量をふる。熱したフライパンで皮目から弱火で焼き、脂が出てきたらときどき脂を全体にかけながら皮目にキレイな焼き色がつくまで焼く。網に取り出し、90℃に予熱したオーブンに入れ、約15分火を通し、取り出してホイルをかぶせて10分ほど保温しておく。フライパンの脂を捨て、バター適量を溶かして1cm厚さのパイナップル輪切り4枚をソテーする。キレイな焼き色がついたら皿に盛る。あいたフライパンにバルサミコ酢大さじ6、塩・こしょう各適量を加えて軽くとろみがつくくらいまで煮詰める。焼いた鴨を薄切りにし、ソテーしたパイナップルに花びらのように盛りつけて周りに小角切りのパイナップル適量を散らす。バルサミコソース適量を周りに添える。

リム広プレート（イエロー）　直径32cm 高さ2cm／リム部分の淡い黄色で、パイナップルの色みと統一感を出して。
すりガラスボウル（イエロー）　直径10cm 高さ6.5cm／少し強めの黄色で全体を引き締めて。パン皿として。

※器はすべて参考商品です。

プレートに盛る

奥に盛ったいちじくのソテーに、立てかけるように扇形に盛る

鴨のローストを斜めに細長く切って扇形に盛りつけるベーシックな盛りつけ。半分に切ったいちじくを後ろに盛り、そこに鴨肉を立てかけて。

1 いちじくのソテーは、皿の奥に盛る。
2 細長くスライスした鴨のソテーは、いちじくに立てかけるように扇形に盛りつける。
3 ソースを鴨の上に、横にかける。

◎盛りつけポイント

半分に切ったいちじくは奥、手前に鴨を盛る

形の大きい存在感のあるいちじくのソテーは後ろに盛り、土台とすると安定感が生まれます。

単色　余白多め　山型

プレート（柄入り）　直径27.5cm 高さ3cm／ふちに描かれる、いちじくの皮の色と合わせた紫色の文様が全体を美しくまとめてくれる。

Arrangement Recipe

パイナップルの代わりに半割りにしたいちじく2切れを切り口が軽く焦げ目がつく程度バター適量で焼き、鴨は斜めに細長く切る。ソースを横にかけて、チャービル適量を飾る。

単色　余白多め　平面

スクエアプレート（白）　27×27cm 高さ2cm／白い光沢のあるスクエアプレート。真ん中の丸いくぼみがあることでやわらかい表情に。

スクエアプレートに盛る

りんごのソテーと一緒に縦に並べ、余白をあけて盛る

りんごのスライスをソテーして、スクエア型のプレートにまっすぐに並べ、薄く切った鴨肉を半分にたたんで上に並べます。皿の余白にはソースを描いてレストラン風に。

1 りんごのソテーを皿の真ん中に縦に並べる。
2 りんごの上に鴨を半分にたたんで、奥から手前に向けてひとつひとつにのせる。
3 周りにソースで文様を描く。

◎盛りつけポイント

余白をあけて盛りつけてレストラン風に

余白をたっぷりととってエレガントな雰囲気に。余白を生かしてソースで文様を描けば、フレンチレストラン風。

Arrangement Recipe

りんご（紅玉など）2個を薄めに切ってバター適量でソテーし、皿に並べる。鴨も薄く切って折りたたんで並べて盛る。ソースを脇に添える。

4 牛肉の八幡巻きをスティック状にして盛りつける

巻き物は、長さを変えて見せることで変化を出すことができます。
ごぼうの長さを生かした盛りつけを楽しみましょう。

Free style

長角皿に盛る

スティック状にすることで、インパクトを与える

あえてごぼうの長さを生かして、スティック状に仕上げることで、見た目に強い印象を与えます。ごぼうの歯触りと香りが強く出るので、食べてからの驚きも楽しみのひとつ。

1 牛肉の八幡巻きの1段目を並べる。
2 2段目を重ねていく。
3 粉山椒を全体にかける。

◎盛りつけポイント

長さを生かして、高く積む

ごぼうの出ている部分が手前にくるように、長皿に盛りつけて。2段に盛りつけ、ボリューム感を出して。

Recipe

牛肉のスティック八幡巻き

材料と作り方（4～6人分） ごぼう1本は20cm前後の長さに切り、細いものに揃えて太い部分は縦に2～4つに割る。たっぷりの湯でやわらかく下ゆでし、水にさらす。鍋にだし汁1カップと酒大さじ1を煮立ててごぼうを加え、約5分煮て、みりん大さじ1と1/2を加え、さらに5分煮る。しょうゆ大さじ1を加えて汁が底に少し残るくらいまで煮て、そのまま冷ます。牛しゃぶしゃぶ用肉200gは酒・しょうゆ各大さじ1、みりん大さじ2をもみ込み、ごぼうの3/4くらいに巻きつける。フライパンに油小さじ1を熱し、牛肉巻きのごぼうを並べ入れて転がしながら焼く。火が通ったら器に盛り、粉山椒適量をふる。

長角皿　33×15cm 高さ1.5cm／長角皿の長さに合わせて、ごぼうを盛りつけると洗練されたイメージに。

5 スペアリブの豆チ蒸しは長さを強調して盛りつける

スペアリブのように元々長さがある食材は、
それを生かした盛りつけが一番美しい。添え物でさらに長さを強調して。

Free style

プレートに盛る

スペアリブの長さを強調するように、縞に盛る

プレートの真ん中にスペアリブをのせ、平行してチンゲン菜を長いまま縞になるように置いて、平面的な盛りつけに。チンゲン菜を添えることで長さが強調されます。

1. スペアリブを皿の中心に平行に並べて盛る。
2. チンゲン菜は長さを揃えて、平行に並べる。
3. もうひとつのチンゲン菜は逆向きにして平行に並べる。

◎盛りつけポイント

チンゲン菜は
スペアリブと同じ長さに

スペアリブの長さを強調するために、チンゲン菜の葉先を丸めて長さを合わせて。真上から見て、美しく見えるポイント。

Recipe

スペアリブの豆チ蒸し

材料と作り方（4人分） スペアリブ（長いもの）8本は骨の内側に包丁で切り目を入れる。砂糖大さじ2と2/3、酒大さじ2、しょうゆ小さじ2、刻んだ豆チ20g、にんにく・しょうがの薄切り各1片分を混ぜてスペアリブを漬け込み、一晩～2日間おく。漬け汁ごと耐熱皿に並べ、よく蒸気の上がった蒸し器で強火で10分蒸す。チンゲン菜2株は縦に4つ割りにし、塩・油各少々を加えた湯でゆで、ザルに上げる。スペアリブとチンゲン菜を並べて盛る。

プレート（柄入り） 直径26cm 高さ2.5cm／シンプルな料理の盛りつけには、可憐な柄を生かすのがポイント。

単色　余白多め　平面

1 さわらの幽庵焼きを盛りつける

焼き魚の盛りつけは、器とあしらいもので変化をつけるのがポイントですが、
その他にも、彩りをプラスして季節感を出したり、
香りを添えたりすることで新たなスタイルが生まれます。

丸大皿に盛る

笹の葉をたくさん敷いた上に盛ることで、見た目にインパクトを与える

緑が鮮やかな笹の葉を皿いっぱいに敷くことによって、さわらの存在感が引き出され、美しさが際立ちます。大人数分を盛りつけるときは、最初に取る1切れがわかりやすいように、一番上に1切れのせるように盛るのが基本。

1. **笹の葉を皿の上に放射状に並べる。**
2. **さわら4切れを中心に盛り、上に1切れのせる。**
3. **周りにあしらいを松葉に刺して散らす。**

◎盛りつけポイント

笹の葉は、たくさん皿の上に敷く

皿の中心から外側に向けて、放射状に笹の葉を広げて。笹の緑が全体の印象を引き締めます。

松葉に刺したあしらいを散らして動きを出す

かぶの甘酢漬けを一口大に切り、松葉に刺して散らすことで、動きが出て華やかな雰囲気に。

Recipe

さわらのみそ幽庵焼き

材料（5人分）

さわら（50g前後の切り身）5切れ、みそ幽庵地（白みそ150g、はちみつ大さじ2、酒150ml、みりん・しょうゆ各大さじ1）、かぶ1/2個、甘酢（米酢・水各1/2カップ、グラニュー糖20g、塩ひとつまみ）、塩・みりん各適量

作り方

1. さわらは小骨を除き、軽く塩をふって10分おく。水けをペーパータオルなどでふき取る。
2. みそ幽庵地の材料を混ぜ、*1*を漬け込んで4日間おく。幽庵地を洗い落とし、水けをふき取る。よく予熱したグリルで5分ほど焼く。仕上げにみりんをひと刷毛ぬって、さっと乾かすように焼く。
3. かぶは厚めに皮をむいてくし形に切り、さらに半分に切って塩水に浸し、しんなりしたら水けをきる。甘酢の材料をひと煮立ちさせて冷まし、かぶを漬け込んで30分ほどおく。
4. 笹の葉を敷いて*2*を盛り、*3*を松葉に刺して添える。

※器はすべて参考商品です。

魚のメイン料理

さわらの幽庵焼きとかぶの甘酢漬けの白い世界。
マットな銀彩の大皿に笹の葉を放射状に敷き、
濃い緑を印象づけてインパクトのある盛りつけに。

大皿（丸）　直径25cm 高さ2.5cm　ふんわりとしたニュアンスが美しい銀彩の大皿。笹の葉のグリーンが映える。

単色　余白多め　山型

角皿に並べる

単色　余白多め　平面

ジグザグに並べて、柚子のいちょう切りで直線を作る

身がやわらかいさわらは、まっすぐに焼き上がって動きに乏しいので、ジグザグに並べることでリズム感を出して洗練された印象に。柚子のいちょう切りを直線を意識してのせるのも重要なポイント。

1 **さわらをジグザグに長皿に並べる。**
2 **さわらの身の上に、柚子のいちょう切りを添える。**

◎盛りつけポイント

柚子のいちょう切りを直線に見えるように並べる

ジグザグに置いたさわらのポイントに、柚子のいちょう切りを直線に並べて。モダンな和風の一皿に。

Arrangement Recipe

さわらの幽庵焼きをジグザグに並べて、柚子のいちょう切り5枚を上にのせる。

長皿　26.5×13.5cm 高さ2.5cm／厚みのあるフラットな長皿は、料理を並べて盛りつけると美しさが際立つ。

変形皿と経木で包み焼き

見た目のインパクトと経木の香りを意識する

経木に包んで器に盛るだけで、特別感のある強い印象に。さらに経木の焼けた香りをつけるとともに、期待させる演出を。

1 さわらを経木に包んで焼く。
2 変形皿にそのまま盛りつける。

◎盛りつけポイント

経木を留めるときは、破れないように気をつける

さわらをのせて経木で包んだら、上の方を楊枝で留めます。破れてしまっては美しさが失われてしまうので、慎重に留めて。

Arrangement Recipe

さわらは半分に切って焼く。経木を水でぬらしてからさわらを2切れずつ包んで、楊枝で留め、200℃に予熱したオーブンで5分ほど焼いて香りをつける。

変形皿　直径20cm 高さ3cm／ぽってりと温かみのある飴釉の皿。ちょっと洋風な雰囲気もあるから、菓子皿としてもおすすめ。

和皿（正方形）16×16cm 高さ2cm／織部焼きのようなグリーンの釉薬が素敵。黄身そぼろの色を引き立たせてくれる。

正方形の和皿に盛る

黄身そぼろをまぶし、木の芽を添えて春の印象に

春が旬のさわらに、黄身そぼろをまぶし、木の芽を添えて菜種焼き風にして、さらに春らしい彩りに仕上げます。一口サイズにするという食べやすい心遣いも忘れずに。

1 3等分にしたさわらに黄身そぼろをまぶす。
2 器に3切れ盛り合わせる。
3 上に木の芽を添える。

◎盛りつけポイント

菜種焼き風にして、鮮やかな印象に

黄身のそぼろをまぶすだけで、パッと華やぐ印象に。木の芽の緑を添えることで、黄色がグンと引き立ちます。

Arrangement Recipe

ゆで卵の黄身2個を裏ごしし、軽く塩少々をふってフライパンで乾煎りする。さわらは3等分に切って焼き、焼き上がりに卵白適量を塗って黄身そぼろをふってさっと乾かすように焼く。木の芽15枚を散らす。

2 鯛の低温ソテーを盛りつける

シンプルな料理だからこそ、切り方やソースによって違う料理に変わります。
見た目、味の変化を思う存分味わって。

スクエア型のプレートに盛る

春の和の素材の組み合わせを西洋風に盛りつける

緑と白だけの世界が美しい盛りつけ。鯛、わかめ、木の芽といった春の和の素材の組み合わせを西洋風に。わかめの緑を下に鯛の身の白を上にして、余白を生かして盛りつければ、エレガントな印象に。

1 わかめをプレートの真ん中に敷く。
2 わかめの上に鯛の身を上にして盛る。
3 周りに木の芽塩を散らし、木の芽を飾る。

◎盛りつけポイント

木の芽塩をソースのように散らす

余白を生かした盛りつけは、ソースを添えてアクセントにするのが通例。木の芽塩を均等にふって丸く描けば表情が出ます。

Recipe

鯛の低温ソテー

材料と作り方（4人分）　鯛（上身）80～90gの切り身4切れは塩3gをふって15分ほどおき、ペーパータオルなどで水けをふく。全体にオリーブオイル適量をまぶす。フライパンにオリーブオイルを少量熱し、鯛を皮目を下に並べ入れ、弱火でじっくりと焼く。側面が白っぽくなってきたら裏返し、15分ほど焼いたらアルミホイルに包んで保温しておく。木の芽1/2パック（約15枚）は飾り用を取り分け、オーブンシートに均等に広げて電子レンジで約4分加熱し、乾燥させる。バリバリになったらすり鉢ですり、塩小さじ1/4を加えて一緒にすり混ぜ、ザルでふるう。戻したわかめ60gは筋を除いて食べやすく切る。フライパンにバター5gを熱し、わかめを炒め煮にし、塩・こしょう各適量で味をととのえる。皿にわかめを敷いて、保温しておいた鯛をのせ、木の芽塩を周りにふる。取り分けておいた木の芽を飾る。

プレート（スクエア型）　25×25cm 高さ1.5cm
／白い磁器プレートは、余白を生かして盛ることで上品なイメージを作り出す。

※器はすべて参考商品です。

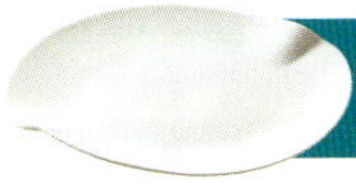

変形プレートに盛る

切り方と並べ方を変え、トマトソースをかけて洋風な印象に

鯛を細長く切ってソテーし、変形プレートに斜めに並べ、トマトソースを上からかければ、洋風に。周りににんにくチップスとバジルオイルで模様を描いて。

1 鯛は薄切りにしてソテーし、器に斜めに並べる。
2 上から線を描くように、トマトソースをかける。
3 にんにくチップス、バジルオイルで模様を描く。

◎盛りつけポイント

トマトソースは線を描くようにかける

トマトソースを上からかけるときは、並んだ鯛の真ん中にかかるように意識するのがポイント。直線が強調されます。

Arrangement Recipe

鯛を1cm厚さ程度に切り分けてから、同様に低温で3〜4分焼く。別のフライパンでにんにくの薄切り2片分をオリーブオイル適量で弱火でカリカリに焼き、にんにくを取り出す。トマトの1cm角切り2個分を加えて炒め、軽く煮くずれてきたら、塩・こしょう各少々で味をととのえる。バジルのみじん切りを加えて器に盛った鯛にかけ、にんにくを散らす。みじん切りにしたバジルとオリーブオイルを1:1で合わせて、こしたオイルを周りに落とす。

多色　余白多め　平面

変形プレート　24.5×28cm 高さ3cm／曲線のラインがエレガントな洋皿。

スープ皿に盛る

皮目を上にして盛り、はまぐりを加えてアクアパッツア風

スープ皿（上）直径23cm 高さ3cm／（下）直径26cm 高さ2cm／ペパーミントグリーンのリムが爽やかな印象。

単色　余白少なめ　山型

はまぐりの白ワイン煮のスープをソースに見立てて盛り、鯛の低温ソテーを皮を上にしてのせ、周りにはまぐりを散らしてボリューム感を出して。

1 はまぐりのスープをソースのように皿に敷く。
2 スープ皿の真ん中に鯛を皮目を上にして盛る。
3 はまぐりを周りに盛る。

◎盛りつけポイント

鯛を真ん中に周りにはまぐりを盛る

鯛の周りにはまぐりを加えることでボリューム感を出し、ビストロ風のカジュアルな盛りつけに。

Arrangement Recipe

にんにくの薄切り1片分、玉ねぎのみじん切り1/2個分をオリーブオイル小さじ2で炒め、はまぐり12個を加えてさっと炒める。白ワイン120mlを加えて蓋をし、強火ではまぐりの口をあける。あいたものから取り出し、スープを軽く煮詰め、味をみて塩・こしょう各少々でととのえる。スープを器に盛り、やや小さめ（60〜70g）に切って焼いた鯛の切り身をのせ、周りにはまぐりを盛り、パセリのみじん切りをふる。

3 ぶりのねぎみそがけを盛りつける

ぶりのソテー、ねぎみそ、揚げねぎの3つのパーツを組み立てながら、
盛りつけのバリエーションを広げましょう。

単色　余白多め　山型

黒の和皿に盛る

魚は中央に置いて余白を出し、揚げねぎのトッピングで高さを出す

長方形の魚用の皿ではなく、丸皿に盛りつけましょう。真ん中に置き、あえて余白をあけて盛りつけることで、エレガントかつ、モダンな和食の雰囲気に。

1 ぶりを和皿の中央に置く。
2 縦にねぎみそをかける。
3 揚げねぎをこんもりと山型に盛る。

◎盛りつけポイント

揚げねぎは山型を意識して盛りつける

ねぎみそを鞍かけ（P41）して、揚げねぎをこんもりと山型に盛れば、立体感が生まれ、美しい印象に。

Recipe

ぶりのねぎみそがけ

材料と作り方（4人分）　ぶり4切れは塩適量をして10分ほどおき、ペーパータオルなどで水けをふき取る。ごま油小さじ1を鍋に熱し、長ねぎのみじん切り1本分を加えて炒める。べったりとなったらいったん火からおろし、信州みそ100g、卵黄1個分、グラニュー糖大さじ1、みりん大さじ2、酒大さじ3を加えてなめらかに混ぜる。弱火でマヨネーズ状に練り上げ、ねぎみそを作る。せん切りにした長ねぎ（白い部分）1本分は170℃に熱した揚げ油適量で素揚げする。フライパンに生搾りのごま油適量を熱し、ぶりを弱火で焼く。火が通ったら皿に盛り、ねぎみそをかけ、素揚げした長ねぎをのせる。

和皿（黒）　直径23cm 高さ3cm／ぶりの切り身の長さに合った和皿を。皿自体に表情があるタイプは、単色の盛りつけも素敵に見える。

※器はすべて参考商品です。

プレートに盛る

ソースを下に丸く敷けば、モダンな和食スタイルに

ソースを皿に丸く敷いて、上にぶりを盛りつければ、モダンな雰囲気に。揚げねぎは器の余白に飾ることで、単色ながら、華やかなイメージに。

1 皿の中央に丸くねぎみそを敷く。
2 みその上に半分に切ったぶりを重ねて盛る。
3 周りに揚げねぎを添える。

◎盛りつけポイント

ねぎみそをソースに見立てる

ぶりの上にかけずに、皿に丸く敷くことによって、味の濃度を調整しながら食べられます。

Arrangement Recipe

ぶりを半分に切って焼き、ねぎみそを敷いて上にのせる。揚げねぎを周りにふちどるように散らす。

プレート　直径24.5cm 高さ5cm／ふちに表情のあるプレーンなプレートは、盛り方ひとつで、洋風にも和風にもなる。

グラタン皿　12×19cm 高さ4cm／取っ手がかわいいぽってりとしたグラタン皿。地味めの料理にも温かさを添える。

グラタン皿に盛る

ねぎみそをかけて焼けば、グラタン仕立てに

ぶりを一口大に切って、グラタン皿に盛り、ねぎみそをホワイトソースに見立てて上からかけて焼きます。焼きたてのみその香ばしさも味わって。

1 ぶりを一口大に切って器に盛る。
2 上にねぎみそをかける。
3 焼けたら、揚げねぎを天盛りにする。

◎盛りつけポイント

ぶりは一口大に切って食べやすく

盛りつけは、美しく見せるだけでなく、食べやすく工夫する心遣いが何より大切。

Arrangement Recipe

ぶりを3つに切って焼き、グラタン皿に入れてねぎみそをかけ、オーブントースターで焦げ目がつくまで焼く。焼けたら、上に揚げねぎを盛る。

4 いわしのガトー仕立てをフレンチ風に盛りつける

セルクルに料理を詰めて、器に盛るだけでレストラン風の盛りつけに。
側面から見える美しさを意識して盛りつけましょう。

単色　余白多め　山型

Free style

ガラスプレートに盛る

セルクル使い&余白にソースで上品なフレンチ風に

酢〆のいわしとマッシュポテトをセルクルに詰めれば、ガトー仕立てに。プレートに盛るときはやや奥に置くと、手前の余白をソース使いでエレガントに演出できます。

1. 皿にガトー仕立てをセルクルごと置いて、セルクルをはずす。
2. 皿の余白にイタリアンパセリを間隔をあけて散らす。
3. イタリアンパセリの間ににんにくオイルをたらし、結晶塩、粗挽き黒こしょうを散らす。

◎盛りつけポイント

セルクルにいわしの皮目を生かして縞に並べる

ガトー仕立ては、側面から見る美しさも重要なポイント。いわしの皮目の黒い部分と銀色の部分が縞に見えるように詰めて。

Recipe

いわしのガトー仕立て

材料と作り方（4人分）　小いわし（体長10cm程度）20尾は三枚におろして腹骨を除き、海水程度の塩水に10分つけて水けをきる。レモン汁1個分と水を1:1で合わせ、いわしを漬ける。表面が薄く白くなったら汁けをきり、ペーパータオルとラップで2重に包んで30分ほど冷蔵庫で〆る。詰め物用のなす4本は網で焼いて焼きなすにし、じゃがいも2個はゆでる。じゃがいもを粗くつぶして刻んだ焼きなすと混ぜ、たたいたアンチョビ2切れ、パセリのみじん切り小さじ1、おろしにんにく適量、塩小さじ1/2、こしょう少々を混ぜる。セルクルに薄くオリーブオイルをぬり、いわしを皮目を外にして順に貼り付けるように並べる。中に詰め物を詰め、いわしで蓋をするように覆う。ラップで覆い、冷蔵庫で15分以上〆る。皿に置き、セルクルをはずし、イタリアンパセリを飾る。にんにくオイル・結晶塩・粗挽き黒こしょう各適量を散らす。

ガラスプレート　直径27.5cm 高さ2cm／透き通ったガラスプレートは、リムに表情があるものを選んで。
ワイングラス　直径7cm 高さ11cm／透明感のあるクリスタルグラスは、シンプルで使いやすい。

※器はすべて参考商品です。

5 太刀魚のけんちん蒸しを長さを生かして盛りつける

太刀魚は細長い形が特徴。長さを強調するなら、シンプルな“盛りつけ”で。
それだけで強いインパクトを与えます。

Free style

スープ皿に盛る

太刀魚の形を生かして、フォーマルな盛りつけに

筒形に切って調理することの多い太刀魚を、あえて長さを見せるように皿いっぱいに盛りつけて。シンプルにあんをかけ、香菜を天盛りにしてフォーマル感漂う盛りつけに。

1 太刀魚のけんちん蒸しをスープ皿に盛る。
2 周りにあんをかける。
3 上に香菜を天盛りする。

◎盛りつけポイント

ラップで太刀魚の形を作る

長さを生かす盛りつけは、形を美しくととのえることが最大の重要ポイント。ラップで包んで円柱状に形をととのえて。

Recipe

太刀魚のけんちん蒸し

材料と作り方（4人分） 太刀魚（12cm長さに切ったもの）4切れを腹から開いて中骨を除き、血合いの骨も除く。塩をして10分おく。きくらげ3gは戻して石づきを除きみじん切りに、にんじん50g、ごぼう35gはそれぞれみじん切りにして下ゆでする。水きりした木綿豆腐1丁を裏ごし、卵1個、きくらげ、にんじん、ごぼう、ローストした松の実15gを混ぜる。太刀魚で包んで円柱状にととのえ、ラップに包んで蒸気の上がった蒸し器に入れ、弱めの中火で15分蒸す。鍋にあん用の中華スープ（無塩ストレートタイプ）1カップを温め、酒小さじ2、砂糖小さじ1/5、オイスターソース・しょうゆ各小さじ1を加えてひと煮立ちさせ、水溶き片栗粉適量でとろみをつける。仕上げにしょうがの絞り汁・ごま油各少々を加え混ぜる。蒸し上がった太刀魚のラップをはずして器に盛り、あんをかける。香菜適量を飾る。

スープ皿　直径20cm 高さ3cm／洗練された印象のスープ皿は、シンプルな料理をより上品に見せてくれる。

1 野菜の炊き合わせを盛りつける

数種類の素材をそれぞれ炊いて、ひとつの器に盛りつけるのが炊き合わせ。
素材ごとに分けて盛る場合と、混ぜて盛り合わせる場合があります。

塗りの盛り鉢に盛る

具材ごとに分けて鉢に盛りつけて
フォーマル感を出す

炊き合わせの盛りつけの基本は、素材ごとに分け、ひとつの器に盛り合わせていくこと。１人分ではなく、大人数分の盛りつけでも同じことが言えます。

1 **土台となる里いもを一番奥に盛る。**
2 **手前にれんこんとしいたけを盛り、一番手前ににんじんと小松菜を盛る。**
3 **梅麩を散らし、柚子のせん切りを天盛りにする。**

◎盛りつけポイント

土台になる里いもを一番奥に盛る

形があって安定感のある里いもを一番奥に盛りつけ、それを土台にして他の煮物を立てかけるように盛りつけます。

柚子のせん切りは、最後にバランスを見ながら

すべての素材を盛り合わせたあと、梅麩を散らして、全体のバランスを見ながら柚子のせん切りを天盛りします。

Recipe

根菜の炊き合わせ

材料と作り方（4〜6人分）

1 干ししいたけ4枚は戻して軸を除き半分に切って、戻し汁1/2カップとともに鍋に入れて火にかける。沸いたらアクを取り、弱火にして落とし蓋をして10分煮、酒大さじ2、みりん小さじ1を加えてさらに10分、しょうゆ小さじ1を加えてさらに10分煮る。そのまま冷まして味を含ませる。
2 里いも小16個は六方にむいて下ゆでし、水にさらして洗い、水けをきる。だし汁2と1/2カップ、しょうが（薄切り）2枚とともに鍋に入れ、落とし蓋をして火にかける。沸いてきたらアクを取り、弱火にして5分煮て、酒大さじ3、みりん大さじ3と1/2を加えてさらに10分煮る。塩小さじ1/4、薄口しょうゆ・白しょうゆ各大さじ1/2を加えてさらに10分煮て、そのまま冷まして味を含ませる。
3 れんこん100gは1cm厚さの半月形に切り、下ゆでする。水にとって水けをきり、だし汁1カップとともに鍋に入れて落とし蓋をして火にかけ、沸いてきたらアクを取り、弱火にして5分煮て、酒・みりん各大さじ1を加えてさらに10分煮る。塩ひとつまみ、薄口しょうゆ小さじ1を加えてさらに10分煮て、そのまま冷まして味を含ませる。
4 にんじん7cmは7〜8mm厚さの輪切りにし、芯を丸くぬく。下ゆでし、やわらかくなったら水にさらして水けをきる。だし汁1カップ、しょうが（薄切り）2枚とともに鍋に入れ、落とし蓋をして火にかける。沸いてきたらアクを取り、弱火にして5分煮て、酒・みりん各大さじ1を加えてさらに10分煮る。塩ひとつまみ、薄口しょうゆ大さじ1/2を加えてさらに10分煮て、そのまま冷まして味を含ませる。
5 小松菜1/2束は塩ゆでして水にとり、水けを絞って3〜4cm長さに切る。梅麩（生）1/2本は1cm厚さに切る。
6 1〜4を温め、汁をきって素材ごとにまとめて盛り、小松菜をれんこんの煮汁で、梅麩をにんじんの煮汁で温めて盛る。里いもの煮汁をかけ、せん切りにした柚子の皮適量を添える。

※器はすべて参考商品です。

野菜のメイン料理

白、黒、赤、緑、黄の
色とりどりの野菜の炊き合わせは、見た目にも鮮やか。
色をバランスよく配置して美しい盛りつけを。

盛り鉢　直径20cm 高さ11cm／朱塗りの盛り鉢は、お祝いの席などに喜ばれる器。テーブルの上にのせるだけで華やかな雰囲気に。

長角皿に盛る

長角皿に盛るときは、真ん中から位置を決める

素材を分けて皿に盛るのも、見た目に新しくおしゃれな印象に。真ん中に土台となる里いもの位置を決め、彩りを考えながら盛りつけます。

1. 真ん中に里いもを盛る。
2. 両脇ににんじん、しいたけ、一番端に小松菜とれんこんを盛り合わせる。
3. 梅麩を散らし、柚子のせん切りを天盛りする。

長角皿　20×33cm 高さ3cm／ぽってりとした温かみのある白の長角皿は、素材の色をキレイに見せてくれる。

◎盛りつけポイント

彩りの似ているものは離して盛る

炊き合わせは、汁をきって素材別に分けて盛ります。彩りの似ているものを隣同士にならないように盛りつけるのがコツ。

野菜

重箱に詰める

お土産にも喜ばれる
重箱スタイルは
すき間なく詰める

素材ごとに分けて、重箱にすき間なく詰めていくスタイル。ポイントは冷めてから煮汁をしっかりきること。最後に梅麩を散らして華やかな印象に。

1 里いもを左奥に詰める。
2 右側にしいたけを詰め、手前にれんこん、にんじん、小松菜をすき間なく詰める。
3 梅麩を散らす。

◎盛りつけポイント

素材ごとに分けて
すき間なく詰める

素材をすき間なく詰めるのがポイント。すべりやすいので、押さえながらくずれないように注意して。

木箱　14×14cm 高さ7.5cm（蓋つき高さ8cm）／木の重箱は自然なイメージ。詰めてから蓋をすることで、開けるときの期待感を演出。

片口の器に盛る

素材を混ぜて片口に盛ると
華やかな印象に

炊き合わせといえば、具材を分けて盛るのが主流ですが、混ぜ盛りも華やかな印象になるのでおすすめです。黒っぽい片口の器に盛りつけ、より鮮やかな印象に。

1 全種類の素材をまんべんなく盛りつける。
2 山型になるように積み重ねて盛る。
3 彩りを考えて梅麩、柚子のせん切りを散らす。

◎盛りつけポイント

1人につき、
全種類とれるように盛る

1人につき、全種類とることができるようにそれぞれの素材を均等に積み重ねて盛ります。

片口の器　20×24cm 高さ8cm／焼き〆のような黒っぽい器は、素材の色を美しく引き出してくれる。

2 ロールキャベツを盛りつける

ひき肉だねとゆでキャベツで形や大きさを自由自在に変えて。
大きさ、太さ、断面の違いによるユニークな盛りつけを。

多色　余白多め　山型

スクエアプレートに盛る

太さと切り口のおもしろさで、インパクトを与える

直径10cmの太さのロールキャベツは、そのサイズだけでインパクトが大きい。切り分けたときの断面の渦巻き模様が楽しげな印象を与えます。

1 ロールキャベツを切り分けて皿に盛る。
2 トマトソースを手前にかける。
3 彩りにパセリのみじん切り、こしょうをふる。

◎盛りつけポイント

切り口を見せるように倒して盛る
断面の渦巻き模様が強い印象を与えます。あえて寝かせて、渦巻き模様を見せるように盛りつけて。

Recipe

ロールキャベツ

材料と作り方（4人分）　キャベツ4枚をゆで、芯の部分はそいでみじん切りにする。牛ひき肉150gに塩適量を加えてよく練り、玉ねぎのみじん切り1/4個分、にんにくのみじん切り小3/4片分、溶き卵1/2個分、片栗粉小さじ1と1/2、こしょう適量と芯のみじん切りを加えてよく練り混ぜる。ゆでたキャベツを2枚縦に並べ、肉生地の半量を全体に薄く広げて端からくるくると巻き込んで直径約10cmの太さのロールキャベツを作る。温めたブイヨンスープ（無塩ストレートタイプ）200〜250mlで15〜20分煮たら、半分に切って器に盛る。にんにくのみじん切り2片分、玉ねぎのみじん切り1/2個分をよく炒め、ヘタをとったミニトマト1パック（100g）、白ワイン大さじ3を加えて煮詰め、塩・こしょう各適量で味をととのえたソースをかけ、パセリのみじん切り・こしょう各適量をふる。

スクエアプレート　25×25cm 高さ2cm／リムが広めにとってあるスクエアプレートは、シンプルな盛りつけも素敵に見せてくれる。

※器はすべて参考商品です。

スプーン形の器に盛る

一口サイズにカットして、ワンスプーン風に

細く巻いたロールキャベツを作り、一口サイズに切り分けて、スプーン形の器に盛りつけます。プレートに並べれば、ワンスプーン風に。パーティーにも活躍しそう。

1. ロールキャベツを4等分に切る。
2. スプーン形の器に立てて盛り、ソースを断面にちょっとつける。

◎盛りつけポイント

ソースは少しだけかける

ロールキャベツには、断面の真ん中に少量のソースをつけておしゃれな印象に。

Arrangement Recipe

キャベツ2枚をゆで、芯の部分はそいでみじん切りにする。牛ひき肉100gに塩適量を加えてよく練り、玉ねぎのみじん切り1/6個分、にんにくのみじん切り小1/2片分、溶き卵1/3個分、片栗粉小さじ1、こしょう適量と芯のみじん切りを加えて、よく練り混ぜ2等分する。キャベツできっちりと円筒形に包んで、温めたブイヨンスープ（無塩ストレートタイプ）150mlに入れて落とし蓋をし、弱火で10分煮る。4等分にして立てて盛り、たたいたアンチョビ1切れとサワークリーム10gを混ぜたソースをのせる。

単色　余白少なめ　山型

スプーン形の器　11×5cm 高さ3cm／ワンスプーンのようなオードブルをのせて。デザートなどをのせるのも楽しい。
角プレート　11.5×23cm 高さ1cm／トレーとして使える白の角皿。

スープ皿に盛る

細長い形を生かして、スタイリッシュな印象に

細長いロールキャベツをスープ皿の径いっぱいに合わせて盛ります。細い形だから、長さが強調され、スタイリッシュなイメージに。

1. ロールキャベツをスープ皿に盛る。
2. スープをかけ、オリーブオイルを落とす。
3. チャービルを飾る。

◎盛りつけポイント

お皿のサイズいっぱいに細長く形作る

細長いロールキャベツは、長さを強調するために、お皿のサイズいっぱいになるように盛って。

Arrangement Recipe

キャベツ4枚をゆで、芯の部分はそいでみじん切りにする。牛ひき肉150gに塩適量を加えてよく練り、玉ねぎのみじん切り1/4個分、にんにくのみじん切り小3/4片分、溶き卵1/2個分、片栗粉小さじ1と1/2、こしょう適量と芯のみじん切りを加えてよく練り混ぜる。ロールキャベツはなるべく細長く包み、フライパンにオリーブオイル適量を熱してソテーして、表面に焼き目をつける。温めたブイヨンスープ（無塩ストレートタイプ）200mlに入れて火を通し、塩･こしょう各少々で味をととのえて一緒に盛り、オリーブオイル少量を落とす。チャービル適量を飾る。

スープ皿　直径22cm 高さ3.5cm／赤い線のリムは片側が狭くなっていてスタイリッシュな印象。

単色　余白多め　平面

3 加茂なすの田楽を盛りつける

加茂なすの丸いフォルムを生かして、定番の田楽を盛りつけます。
切り方、田楽みその使い方によって広がるバリエーションを楽しみましょう。

十草リムプレートに盛る

加茂なすの形をダイレクトに伝えて、インパクトを出す

ふっくら丸い形をヘタごと見せてインパクトのある盛りつけに。中身は切って、皮とともに素揚げにして、グラタン風に仕上げます。

1. 一口大の素揚げした中身を皮の中に田楽みそとともに詰める。
2. 一番上に、田楽みそを2色に分けてかけて焼く。
3. 白みそに青柚子の皮のすりおろしを、赤みそのほうにけしの実をふる。

◎盛りつけポイント

赤みそと白みそを半々にかける

田楽みそを赤、白の２種類用意し、2色に分けてかけるとモダンな雰囲気に。飾るトッピングもそれぞれのみそに合わせて。

Recipe

加茂なすの田楽

材料と作り方（4人分） 白みそ100g、卵黄1個分、酒大さじ3、みりん大さじ1を小鍋に合わせ、弱火でマヨネーズ状になるまで練り上げ、白田楽みそを作る。赤だし用みそ70g、白みそ30g、卵黄1個分、グラニュー糖8g、酒大さじ3、みりん大さじ2を小鍋に合わせ、弱火でマヨネーズ状まで練り上げ、赤田楽みそを作る。加茂なす2個は縦半分に切って中を形よくくりぬき、中身は一口大に切る。揚げ油適量で皮、身ともに素揚げにし、皮の中に田楽みそとともに中身を詰める。田楽みそを2色に分けてかけ、オーブントースターで軽く焼き色をつける。白田楽みそのほうに青柚子の皮のすりおろし適量を、赤田楽みそのほうにけしの実適量をふる。

十草リムプレート　直径25cm 高さ4.5cm／加茂なすの田楽を真ん中に置くだけでも、線模様のリムの広がりがあるから、華やかな印象に。

単色　余白多め　山型

プレートに盛る

ミルフィーユ風に重ねて、田楽みそをソースに見立てる

加茂なすを横に輪切りにし、間に2色の田楽みそを交互に挟んでミルフィーユ風に。一番上に2色に分けてかけ、ソースのように模様をつけて洋風な一皿に。

1 皿の上に赤田楽みそを敷き、素揚げした輪切りをのせる。
2 その上に白田楽みそをぬり、素揚げした輪切りをのせる。
3 一番上には赤、白みそ2色を分けてかけて、竹串でマーブル状に混ぜ、けしの実、青柚子の皮のすりおろしを散らす。

◎盛りつけポイント

ソースのように模様をつける

2色の田楽みそをソースに見立てるテクニック。竹串でマーブルになるように線を描けば、フレンチ風に。

Arrangement Recipe

加茂なす2個を横に4枚に輪切りにして素揚げにし、1人2枚ずつ下と間に田楽みそをぬって重ね、上にも2色のみそを境目部分だけマーブル状に混ぜ、周りにけしの実と青柚子の皮のすりおろしを散らす。

プレート　直径25.5cm 高さ2cm／白いプレーンなプレートに田楽なすを盛りつけるなら、余白にけしの実などを散らす演出を。

角皿　14×14cm 高さ2.5cm／串に刺した田楽のような料理には角皿が合う。四角と線の関係が安定感を生む。

角皿に盛る

串に刺して、田楽らしさを出す

加茂なすを4つに切って串に刺す、田楽らしい盛りつけ。2色の田楽みそをぬったなすをそれぞれ串に刺します。食べやすくてかわいらしい印象に。

1 4等分の素揚げの加茂なすを串に刺す。
2 白みそ、赤みそを分けてそれぞれぬって焼く。
3 上に柚子、けしの実を散らす。

◎盛りつけポイント

2つずつ刺してみそをぬり分ける

輪切りを4つに切ることで、いちょう切りの形になった加茂なすを向かい合わせにして串に刺すとおしゃれな印象に。

Arrangement Recipe

加茂なす2個を厚めに輪切りにし、4等分に切って素揚げする。それぞれ串に刺して半分に白田楽みそを、半分に赤田楽みそをぬってオーブントースターで表面に焦げ目がつくまで焼き、白みそに青柚子の皮のすりおろしを、赤みそにけしの実をふる。

4 野菜のテリーヌをビジュアルを意識して盛る

テリーヌは切った断面を見せるフランス料理。作るときから、
テリーヌのビジュアルを意識するのが最大のポイント。
器も冷たい感じが伝わるガラスの器を選んで。

多色　余白多め　平面

Free style

ガラスプレートに盛る

野菜のテリーヌは食材選びから。切り口の印象がかわいいものを選ぶ

パプリカやトマトの赤、オクラなど切り口の印象がかわいい、断面が素敵に見える食材を選びます。野菜の彩りがキレイに配置できるよう、詰める順番も計算して。

1. 型から取り出し、切り分ける。
2. ガラスの器に断面を見せるように盛る。
3. 結晶塩、オリーブオイル、チャービルを周りに飾る。

◎盛りつけポイント

皿の中心に盛り、塩をソース代わりに

冷たい料理には冷たい感じが伝わるガラスの器を。余白を生かして結晶塩、オリーブオイルをソース代わりに飾って。

Recipe

野菜のテリーヌ

材料と作り方（7.7×20.5×6cmのパウンド型1台分）　キャベツ2～3枚はゆでてザルに上げ、塩をふって冷ます。芯をそいで除き、型に敷き詰める。パプリカ（赤、黄、オレンジ）各1/2個、にんじん1本弱は5mm角に細長く切って塩ゆでし、ザルに上げて熱いうちにコンソメスープ(ストレートタイプの缶詰)適量に浸して冷ます。小玉ねぎ8個も同様にゆでて、コンソメスープ適量に浸す。オクラ12本を塩もみしてゆで、水にとって水けをきり、コンソメスープ適量に浸す。さやいんげん6本も塩ゆでしてコンソメスープ適量に浸す。ズッキーニ1本は5mm厚さで縦長に切り、塩ゆでして水にとり、水けをきってコンソメスープ適量に浸す。トマト1個は湯むきをして種を除き、細長く切って塩をふって10分ほどおく。コンソメスープ300mlに冷水でふやかしたゼラチン6gを溶かしてこしょう少々を加え、冷ます。型を冷やしながら、ゼラチン入りのコンソメ、汁けをきった野菜を順に詰め、キャベツで蓋をしてラップをして冷蔵庫で一晩冷やし固める。型から取り出し、切り分けて器に盛り、オリーブオイルと結晶塩・チャービル各適量を飾る。

ガラスプレート　直径28cm 高さ2cm／細かい模様が入ったガラスプレート。冷たい料理を盛りつけるのにおすすめ。

※器はすべて参考商品です。

5 うなぎと大根の中華煮込みをモダンに盛りつける

下ゆでした大きい大根に、同じ幅のうなぎを重ねて煮込んだ中華煮込み。
黒っぽい料理が美しく見えるテクニックを覚えましょう。

Free style

スープ皿に盛る

黒い料理は、白い器で存在感を出す

うなぎと大根の日本料理的な組み合わせをピリ辛味の中華にアレンジ。うなぎの黒っぽい料理なので、白い器に盛って存在感を出し、香菜の緑をアクセントに。

1 大根とうなぎを重ね、器の真ん中に盛る。
2 汁をたっぷりかける。
3 香菜を天盛りにする。

◎盛りつけポイント

ヘラを使って、身をくずさずに盛る

大根とうなぎを重ねたら、その美しい形をくずさないように盛りつけるのがポイント。ヘラを下に入れて慎重に器に盛りつけて。

Recipe

うなぎと大根の中華煮込み

材料と作り方（4人分） 大根約13cmは縦に1cm厚さに切り、下ゆでして水にさらし、水けをきる。フライパンにごま油少々を熱し、豆板醤小さじ1を炒め、酒1/4カップ、中華スープ（無塩ストレートタイプ）1カップを注いで煮立て、大根を加える。再度煮立ってきたら、砂糖5gを加えて10分煮て、しょうゆ大さじ1を加える。うなぎ蒲焼き大1尾分を長さ半分、縦半分に切って加え、コトコトと5分煮る。大根とうなぎを重ねて盛り、煮汁をかけて香菜適量をのせる。

スープ皿　直径24cm 高さ5cm／和風の質感が素敵なスープ皿。少し深めなので、高さのある料理を盛りつけて。

単色　余白多め　山型

ソースの活用・かけ方・描き方

フランス料理などでよく見かけるソース使い。ソースはその料理に合わせて作られますが、最後に添えられるときのかけ方、描き方によって、皿の上の表情が変わります。

線状にかける

ソースを少量つけて食べる場合、線状にかけます。
一本線にかける、ジグザクにかけるなどのバリエーションでデザイン的に盛りつけましょう。

一本線にかける

土台に対して横一本線にかけるソースは、きっぱりとした強い印象に。一本線の場合は、土台とやや似た色合いのソースでもインパクトのある盛りつけになります。太さによっても与える印象が変わります。

ジグザグにかける

ジグザグに細い線をかけるだけで、デザイン的な印象になります。ただ、ソースと土台の色目に差がない場合、印象がぼやけるので注意が必要。逆にソースと土台の色合いが違う場合は、華やかでおしゃれな感じを与えます。

鞍《くら》かけにする

鞍かけはあえ衣やもったりとしたソースなど、線状にかけるものよりも量を多くかけるときに用います。
斜め、縦、横などのかけ方の違いで、盛りつけの幅を広げましょう。

斜めに鞍かけにする

土台に対して、ソースを斜めに鞍かけした場合、ソースと土台の印象のバランスがもっとも安定感のある形です。斜めのラインが、ソースのつやと質感を生かし、よりおいしそうな表情を出してくれます。土台が四角い場合はソースの印象が強くなります。

縦に鞍かけにする

モダンな印象の盛りつけには、縦まっすぐにソースを鞍かけするのがおすすめ。土台が山形のあえ物などの場合は縦にかけるとソースの印象が強くなります。太すぎず、細すぎない線で美しいラインを描いて。

横に鞍かけにする

四角い土台に対して、ソースを横にかけると、土台が一番引き立ちます。ソースはあくまでも土台を引き立てるサブ的な存在に。料理の美しさを引き立たせたいときにおすすめのかけ方です。

下に敷く

ソースを下に敷いて、上に料理を盛りつけるのは、フランス料理で多用されてきた盛りつけの手法。
お皿と盛りつけるものの形状によって変化をつけることがポイントです。

丸く敷く

丸い皿に、丸くソースを敷いて丸い形の料理を盛るのはパッとしませんが、横長の切り身なら、素敵に見えます。丸い形と三角、四角の関係は、見た目に変化をつけます。上にのせる料理の形によって、下に敷くソースの形を変えるのがポイント。

縦長に敷く

スライスした横長の素材には、同じ幅のソースを十字になるように縦に敷きます。丸い形の素材にも縦長に敷くと変化がつきます。ソースの幅は、素材の幅とのバランスを見て敷きましょう。縦のラインと横のラインが交わることによって、料理がグンとスタイリッシュに見えてきます。

横長に敷く

横にソースを敷く場合は、料理は縦のラインを意識して盛りつけること。酢豚のように小さめの角切りの素材を組み立てる場合、ソースの幅を考えながら、彩りを考えて積んでいきます。彩りのいい赤、黄、緑の料理には黒っぽいソースを敷くと全体が引き締まる効果も。

縞に敷く

丸い形や正方形に近い素材を盛りつける場合は、皿にソースを縞に敷くと、見た目に変化がつき、洗練された印象に。なるべく、素材の幅に合わせてソースを縞に敷くのがコツ。縞の太さにも変化をつけると盛りつけに動きが出ます。パセリなどふりかけものも縦にふって縞を強調して。

線に敷く

皿にソースを細い線で敷くと、リズムが出て、よりスタイリッシュな印象に。同じ酢豚でもソースの敷き方と縦に細長く盛ることで繊細な一品に見せることができます。

周りに線を描く

お皿の上をデザインする際に、上にかけたり、下に敷くだけでなく、料理の周りに線を描くことによって、料理の表情が引き出され、美しい盛りつけを完成させます。

均等に円を描く

料理を細い丸で囲むとカチッとしたフォーマルな印象に。スパイスやハーブは横のラインを生かしてふりかけると、より表情が出ます。素材の並べ方によってソースやふりかけもののラインのバランスを見ながら盛りつけます。

太い線→細い線へ

料理の両側にソースを描く場合、同じ太さの線を描くよりも、太い線から細くなる線の方が、動きが出るとともに、デザイン性も高くなります。より、フレンチっぽい一皿に。

＋点々を描く

料理の周りに線を描くとき、太い線から細くなる線に、点々をプラスすると、動きと表情が複雑になります。点々をソースだけでなく、野菜や果物なども合わせて使えばさらに華やかな雰囲気に。

周りに点々を描く

料理の周りに点々のソースを描くことで、かわいらしく、やさしい表情を生み出します。
素材を散らして、その間に点々を描いたり、２色使いにするなど工夫しましょう。

１色で点々を描く

素材に対してソースを上にかけ、さらにオリーブオイルをたらしたいときなどは、素材を囲むようにして、点々に描くとリズム感が出て洗練された印象を与えます。オリーブオイルの間ににんにくチップなどを置くことで、さらに料理の表情を複雑にし、素敵に見せてくれます。

２色で点々を描く

２色にする場合は、味の変化と色の変化をきちんとリンクさせて考える必要があります。やみくもにプラスしても逆効果になる場合も。ソース同士が混ざってもおいしく、別々に素材につけてもおいしい。また、色目が違って盛りつけに華やかさをプラスできるものがベストです。

ソース＋αで描く

ソースにプラスするのは料理素材のひとつか、食感や香りがよくなるものを使うのが鉄則。
さらに、色調や食感の変化がつけられるものをプラスするとグッとレベルアップします。

ソース＋野菜で描く

料理と同素材のきゅうりとトマトをみじん切りにして点々と描いて。彩りのバランスがとれるとともに、リズム感が出て華やかな雰囲気になります。素揚げした野菜をソースにプラスする場合もあります。

ソース＋果物で描く

料理に合う酸味のある果物を小さく刻んで、周りに描くのも素敵。見た目も味も引き立てる、相性のよい果物をソースにして。デザートにはよく使われるテクニック。

ソース＋ナッツで描く

ソースとして、食感に特徴のあるナッツを周りに散らしましょう。料理と一緒に食べることで得られるカリカリとした食感と香ばしい香りがおいしい。見た目にもアクセントになり、レベルの高い盛りつけに。

ソース＋ハーブで描く

シンプルな色調の料理には、ソースで彩りを添えるのもおすすめ。ハーブなら、葉先をちぎってソースと一緒に添えるだけで、グンと素敵な印象に。彩りはもちろん、香りと風味もついて華やかな一皿になります。

ソース＋スパイスで描く

料理との相性がいいスパイスを、ソースのように散らしておしゃれな一皿に。２種類ほどのスパイスを組み合わせて、料理の見た目と味、食感にアクセントを与えましょう。

ソース＋塩で描く

和食のように、本来、添えておく塩なども、ソースとして料理の周りに描くと、洋風な一皿に。塩は抹茶、木の芽などとすり合わせて周りに散らすことで、味を引き締め、風味もつけてくれます。

ソース＋チーズで描く

料理の上にソースをかける場合、一番上に削ったチーズをクロスして飾ると表情が豊かになります。パルミジャーノのように細かく削ってふりかけるのもおすすめ。見た目だけでなく、おいしさもプラスしてくれます。

ソース同士を部分的に混ぜて模様を描く

ソース使いの中でも特徴的なのが、２種類のソースを合わせて模様を描く手法。
混ざってもおいしいソースで、同じぐらいの濃度のソース同士で行うことがポイント。

矢羽根模様を描く

矢の上部につける羽根をモチーフにした矢羽根模様は、お菓子などでよく描かれる手法のひとつ。ある程度スペースがないとキレイに仕上らないので、たっぷり空間があってソースで遊べるゆとりのある盛りつけのときに。

マーブル模様を描く

黒いソースの上に白いソースをたらしたら、竹串で線を描くようにしてマーブル模様を描きましょう。混ぜすぎるとキレイに見えないので、大きくざっくりと混ぜるのがポイント。デザートのソースに使うとおしゃれ。

2層にして線を描く

下のソースを多めに敷いて、その上から同じラインをたどるようにもう１種類のソースを重ねます。竹串で１本線を描いて。下と上のソースの分量が違うので、味的にもバランスのとれた組み合わせがふさわしいでしょう。

ソースを固めてアレンジする

透明感のある液体をソースとして使いたい場合、とろみをつけるだけでなく、固めるという手もあります。
特に夏場の料理に添えるとキラキラした光り方が涼しげで魅力的に。

固めたソースを角切りにしてかける

角切りにしたソースを料理の上にかける場合は、周囲に並べるときよりも少しやわらかめに作ってランダムな印象にしても。たっぷり添えるときは、やわらかめのほうが絵になりやすいのでおすすめ。

固めたソースをくずしてかける

固めたソースをくずしてかけるときは、皿盛りだけでなく、あえ物にも流用できます。角切りよりも光り方に変化が出るので、キラキラ感を生かしたいときに用います。

固めたソースの角切りを皿に並べる

小さめの角切りにしたソースをお皿に並べるときは、ソースはやや固めに作ったほうが見た目がキレイです。皿に並べると、固めたソースの透明感を生かすことができます。

1 ポテトサラダを盛りつける

毎日のおかずに、パーティーにも人気のポテトサラダは、
盛りつける形、大きさによってさまざまな表情を見せてくれます。
型を使うのがポイントです。

変形プレートに盛る

平らなプレートに盛るときは、リング型でごちそう感を出す

大きいリング型に詰めて平らなプレートにのせるだけでごちそう感が出ます。丸い形に丸いプレートだとつまらない印象になるので、器は四角いくぼみのあるものを選びます。

1 **プレートの上に、レタスのせん切りをリング状に盛る。**
2 **リング型にポテトサラダを詰め、平らなプレートの上にのせて、型をはずす。**
3 **真ん中の穴の部分にパセリをこんもりと詰める。**

◎盛りつけポイント

彩りのレタスはリング状に盛る
白いプレートの上に白いポテトサラダは、ぼんやりとした印象に。間にレタスを敷くことで、メリハリがつきます。

型で抜くことでごちそう感を出す
大きいリング型でポテトサラダを抜いてプレートに盛るだけで、インパクトを与えます。

Recipe

ポテトサラダ

材料（4人分）
じゃがいも4個、にんじん（いちょう切り）1/3本分、きゅうり（薄い輪切り）1/2本分、ハム（1cm角色紙切り）50g、白ワインビネガー・オリーブオイル各小さじ2、マヨネーズ大さじ2と1/2強、塩・こしょう・オリーブオイル（型用）・パセリ・レタス（せん切り）各適量

作り方
1 じゃがいもは皮ごとゆで、やわらかく火が通ったら皮をむいて縦4つ割り、1cm幅程度に切って、塩、こしょう、ワインビネガー、オリーブオイルを加えて合わせ、下味をつける。
2 にんじんは下ゆでして水にとり、水けをきる。きゅうりは塩もみをしてさっと洗い、水けを絞る。
3 *2*とハムを*1*に加えて混ぜ、マヨネーズを加えてあえる。塩、こしょうで味をととのえる。
4 リング型にオリーブオイルをぬり、*3*を詰める。レタスのせん切りをリング状に敷いた皿にぬき出し、パセリを飾る。

※器はすべて参考商品です。

野菜のサブ料理

大人数のおもてなしやパーティーに、
存在感をあらわしそうなポテトサラダ。
こんもりと盛られたパセリが彩りを添えます。

多色　余白少なめ　山型

変形プレート（大）　直径28cm 高さ2cm／丸いプレートの中に四角いくぼみが特徴の変形プレート。丸い印象の料理を盛るときに。

長角プレートに盛る

ディッシャーで抜いて、パーティー感を出す

じゃがいものみのポテトサラダをディッシャーで抜いて、サラミの上に盛りつけます。上には星形にんじんをポイントにのせて、かわいらしい印象に。

1 プレートにサラミを並べる。
2 サラミの上にディッシャーで抜いたポテトサラダをのせる。
3 上に星形にんじんとパセリを飾る。

◎盛りつけポイント

サラミの上にディッシャーで盛りつける

ディッシャーで抜き出すと、ちょうど1人分の大きさに。サラミの上にのせることで、取りやすくなります。

Arrangement Recipe

じゃがいもだけでサラダを作り、サラミの上にアイスクリームディッシャーで抜き出す。星型で抜いて塩ゆでしたにんじんとパセリ各適量を飾る。

長角プレート　11×24cm 高さ1cm／丸いポテトサラダと四角いプレートの相性は◎。ポテトサラダを直線に並べてスタイリッシュに。
取り皿　直径17.5cm 高さ1.5cm／取り皿は同じ色の丸いプレートで揃えるとバランスがいい。

※器はすべて参考商品です。

デミタスカップに盛る

ジェラートをイメージして、山型に盛る

子供の集まるパーティーで活躍しそうな、インパクトのあるかわいい盛りつけ。デミタスカップにポテトサラダを詰めて、鋭角の山型に。

1 デミタスカップにポテトサラダをたっぷり山型にのせる。
2 ジェラートのようにヘラで形づくり、ミニフォークを添える。

◎盛りつけポイント

ゴムベラで山型にととのえる

ジェラートのような鋭角の山型を作るときは、ゴムベラで表面をすくいあげるように形づくるのがポイント。

デミタスカップ　直径6cm 高さ5.5cm／カラフルなドット柄がかわいいカップ。
トレー（白）　30×11cm 高さ2cm／白いプレーンなトレーは、カップの下皿として使っても。ジグザグに置くと動きが出る。

グラタン皿　16×21.5cm 高さ4cm／白のプレーンなグラタン皿は、サラダやマリネを盛りつければDELI風の表情に。

グラタン皿に盛る

グラタン皿に詰めて、表面をデコレーションすればDELI風に

グラタン皿にポテトサラダをきっちりと詰めて表面を平らにならし、パプリカパウダーとパセリのみじん切りで格子状の模様を描くことで、DELIっぽいイメージを表現。

1 グラタン皿にポテトサラダをきっちり詰めて表面をならす。
2 パプリカパウダーとパセリのみじん切りで格子状の模様を描く。

◎盛りつけポイント

パプリカパウダーとパセリで模様をつける

白いポテトサラダをキャンバスにして、赤のパプリカパウダーと緑のパセリで模様を描けば、一際目をひく盛りつけに。

Arrangement Recipe

グラタン皿にポテトサラダをきっちりと詰めて表面を平らにならし、パプリカパウダーとパセリのみじん切り各適量で格子状の模様を描く。

2 チンゲン菜の帆立煮込みを盛りつける

中華料理の定番の野菜の煮込み料理を、
野菜とあんに分けて自由自在に盛りつけてみましょう。

スクエアプレートに盛る

帆立のあんをソースに見立て、モダンチャイニーズ風に

単色　余白少なめ　平面

シックな色のプレートに白い帆立あんをソースに見立てて敷きます。チンゲン菜を横縞になるように盛りつければ、モダンチャイニーズ風のスタイリッシュな印象に。

1 **チンゲン菜は、茎と葉に切り分けてゆでる。**
2 **プレートに帆立のあんを敷く。**
3 **上にチンゲン菜の茎と葉が交互になるように横縞に並べる。**

◎盛りつけポイント

茎と葉を分けて交互に並べる

帆立あんの上に、茎と葉を交互に並べて平面的な盛りつけに。茎の薄い緑と葉の濃い緑を交互に並べることで、横縞ができる。

Recipe

チンゲン菜の帆立煮込み

材料と作り方（4人分） 干し貝柱6個と干しえび30gはそれぞれひたひたの水につけて戻し、戻し汁はとっておく。干し貝柱はほぐし、固い部分を除く。干しえびは細かく刻む。長ねぎの青い部分1本、しょうがの皮1片分、酒1/4カップ、戻し汁と水を合わせて2カップとともに鍋に入れて煮立て、アクを取ってコトコトと沸くぐらいの火加減で約1時間煮る。チンゲン菜2株は茎と葉を長さを揃えて切り分け、茎は縦半分に切る。塩・生搾りのごま油各適量を加えた湯でゆで、ザルに上げて水けをきる。帆立のスープはねぎの青い部分、しょうがの皮を除き、塩・こしょう各適量で味をととのえる。水溶き片栗粉適量でとろみをつけて、皿に盛り、チンゲン菜を並べる。

スクエアプレート　29×29cm 高さ3cm／黒に近い色のプレートはシックでモダンなイメージに。
グラス　口径6.5cm 高さ10cm／紹興酒を入れるグラスは、ステム（脚）の短い小さめがベスト。

※器はすべて参考商品です。

スープ皿に盛る

チンゲン菜を お花のように盛って、 エレガントな印象に

深めのスープ皿にチンゲン菜の茎を外側にして丸く重ねて盛っていき、真ん中にあんをたっぷり注げば、花形のエレガントな雰囲気に。

1 スープ皿にチンゲン菜を丸く重ねて盛る。
2 真ん中に帆立あんを注ぐ。

◎盛りつけポイント

お花のように 形づくるときは箸を使う

盛りつけ箸でチンゲン菜を丸く重ねて盛りつけて。お花に見せることを意識しながら、盛るのがコツ。

スープ皿　23×23.5cm 高さ5cm／深さのあるスープ皿は、たっぷりのあんをかけたいときに。

染付の皿に盛る

長さを揃えて並べると、 美しい盛りつけに

器の大きさに合わせて、チンゲン菜の長さを揃えて盛りつけると、キレイに見えます。茎は揃えて、葉を折り込みながら盛りつけ、2段に重ねて高さを出して。

1 皿にチンゲン菜を長さを揃えながら盛る。
2 *1*の上にもう一段、チンゲン菜を長さを揃えながら盛る。
3 上からあんをたっぷり鞍かけする。

◎盛りつけポイント

あんを上から たっぷりかける

茎と葉の部分がよく見えるように、真ん中あたりに帆立あんをたっぷりかけて。

染付の皿　直径24.5cm 高さ3.5cm／あんをかける料理には、少し立ち上がりのあるものを選ぶといい。

3 グリル野菜を盛りつける

赤、黄、緑、白、黒と5色が揃うグリル野菜は、それだけで鮮やかな印象に。
切り方と並べ方によって変化する盛りつけの世界を堪能しましょう。

多色　余白少なめ　平面

スクエアプレートに盛る

ふちのある器にぎっしり並べて、アートっぽい表情に

すべての野菜を輪切りにして、丸をたくさん並べた平面的な盛りつけ。真上から見ると１枚の絵画のよう。パプリカとピーマンの輪切りは、お花のように重ねてアクセントに。

1 **パプリカとピーマンの輪切りを重ねる。**
2 **なす、ズッキーニ、小玉ねぎの輪切りをすき間なく埋める。**
3 **オリーブオイルを全体にかける。**

◎盛りつけポイント

ピーマンの輪切りを大きさ違いで、お花のように盛る

赤、黄のパプリカと緑のピーマンはあえて大きさ違いを揃えておくこと。３層のお花に見立てれば、まるで模様のよう。

Recipe

グリル野菜

材料と作り方（4〜6人分）　パプリカ（赤・黄）各1個、ピーマン2〜3個、なす2本、ズッキーニ（緑・黄）大各1/2本、小玉ねぎ6個はすべて1cm厚さの輪切りにする。オリーブオイル適量をぬり、よく熱したグリルパンで格子状の焼き目をつけて焼く。焼き上がったものから塩・こしょう・レモン汁各適量でマリネする。すべてをきっちり皿に詰めるように並べる。オリーブオイル適量を全体にかける。

スクエアプレート　24×24cm 高さ2cm／ふちがある器は詰める盛りつけに。野菜もふちの高さに揃えて切るのがコツ。
グラス　口径6.5cm 高さ10cm／短めのステム（脚）が特徴のグラス。

※器はすべて参考商品です。

変形プレート×グラスに盛る

皿の中央にソース、周りに野菜を放射状に並べる

プレートの真ん中にソースを入れたグラスを置き、斜めに切ったグリル野菜で周りを囲みます。グラスの高さが立体感を出し、華やかな印象に。

1 グラスにソースを入れる。
2 ソースの入ったグラスをプレートの真ん中に置く。
3 周りをグリル野菜で囲む。

◎盛りつけポイント

斜めに切ったグリル野菜でグラスを囲む

斜めに切ったグリル野菜は花びらのような印象。隣同士の色が重ならないように、彩りを見て盛りつけて。

Arrangement Recipe

パプリカとピーマンは縦に切り、なすとズッキーニは斜めに切って焼く。おろしにんにく1片分にパセリとチャービルのみじん切り各大さじ1、塩小さじ1/2、オリーブオイル大さじ3を加えて混ぜたハーブオイルを添える。

変形プレート　26×26cm 高さ2cm／少し変形した卵形プレート。グラスを重ねれば、パーティー仕様に。
グラス　口径7.5cm 高さ6cm／太めのグラスはソース入れとしてスプーンを添えて。

オーバルプレートに盛る

細長く切った野菜を、線を生かして盛りつける

ふちが印象的なオーバルプレートに1人分を盛りつけましょう。野菜を縦に切り、線を生かして長く盛りつけます。上からソースをかけてスタイリッシュなイメージに。

1 縦に切ったグリル野菜を真ん中に寄せて長く盛る。
2 ソースを上からジグザグにかける。

◎盛りつけポイント

1人分を横長に並べる

縦長に切った野菜は、プレートの長さに合わせて、長い線を強調させながら盛るとモダンかつスタイリッシュな印象に。

Arrangement Recipe

パプリカ、なす、ズッキーニは長さを揃え、縦に1cm厚さに切って焼き、線状になるように皿を横長に並べる。ハーブオイル、結晶塩、こしょうをふる。

オーバルプレート　34×22cm 高さ2cm／ふちがシルバーなオーバルプレートは洗練された大人のイメージ。

4 ニース風サラダをリムを生かして盛る

黒オリーブやアンチョビの塩けでゆで卵や野菜を
おいしく食べる南フランスの定番サラダ。
普段は葉野菜と合わせる具をリムにのせて、自由な感じの盛りつけに。

多色　余白多め　山型

Free style

ワイドリムスープ皿に盛る

ワイドなリムに具をのせて、スタイリッシュな印象に

葉野菜の上に黒オリーブ、アンチョビ、ゆで卵、ツナ、フライドオニオンを彩りよくのせるのではなく、リムに等間隔でのせて新感覚の盛りつけに。好みでトッピングして食べるスタイルです。

1. 野菜をアンチョビドレッシングであえる。
2. あえた野菜をくぼみに盛りつける。
3. リムにアンチョビ、ゆで卵、フライドオニオン、黒オリーブ、ツナを飾る。

◎盛りつけポイント

ワイドなリムをキャンバスと考える

ワイドなリムをキャンバスとして考えて、そのスペースを有効に使いましょう。等間隔に具材を置くのもポイント。

Recipe

ニース風サラダ

材料と作り方（4人分） じゃがいも1個はいちょう切りにしてゆで、ザルに上げる。さやいんげん6本は塩ゆでしてザルに上げて冷まし、3cm長さに切る。きゅうり1本は縦半分に切って斜めに薄切りにする。トマト1/4個は一口大に切る。グリーンカール1/2株は一口大にちぎる。赤玉ねぎ1/4個は薄切り、パプリカ（赤）1/4個は細切り、セロリ3cmは薄切りにし、野菜をすべて合わせる。ドレッシングのアンチョビ1/2切れをたたき、マスタード小さじ1/2、塩ひとつまみ、こしょう適量、白ワインビネガー小さじ2、オリーブオイル大さじ1と1/3、にんにくのすりおろし少々と合わせ、野菜類をあえる。器に盛り、リムにみじん切りにしたアンチョビ、1cm角に切ったゆで卵、フライドオニオン、輪切りにした黒オリーブ、ツナ適量を飾る。

ワイドリムスープ皿　直径24cm 高さ4cm／フレンチレストランで出てきそうなおしゃれなスープ皿をサラダの盛りつけに。

※器はすべて参考商品です。

5 根菜の揚げ浸しをガラスボウルに盛りつける

根菜類を使った冬の料理をガラスの器に盛りつける斬新なアイデア。
ガラスの器は厚手のぽってりとしたタイプを選ぶのがコツ。

Free style

ガラスボウルに盛る

ガラスボウルに盛って、横から見た美しさを最大限に引き出す

根菜の揚げ浸しの彩りの美しさを横からも見えるように、ガラスの器に盛りつけて。余白を生かした上品な盛りつけで、エレガントな印象に。

1 根菜の揚げ浸しをスプーンでこんもりと盛りつける。
2 万能ねぎの斜め切りを彩りを見ながら全体に散らす。

◎盛りつけポイント

スプーンでざっくり盛る
揚げ浸しのような料理は、スプーンですくってざっくりと盛りましょう。素材がかたよらないように注意して。

Recipe

根菜の揚げ浸し

材料と作り方（4人分） こんにゃく80gは2cm角、5mm厚さに切り、里いも小4個は1cm厚さに切る。ごぼう40gは斜めに薄切り、にんじん70gは5mm厚さの輪切り、れんこん50gは5mm厚さの半月切りにする。鍋にだし汁300ml、しょうがの薄切り4枚、酒・みりん各大さじ2、塩小さじ1/4、薄口しょうゆ大さじ1/2を入れひと煮立ちさせてからごく弱火にかけておく。こんにゃくと野菜を順に揚げ油適量で素揚げにし、油をきって熱いうちにだしが入った鍋に漬け込む。全量入れたら火を止めて冷まし、味を含ませる。ガラスの器に盛り、斜め切りにした万能ねぎ適量を散らす。

ガラスボウル　直径18cm 高さ10cm／厚手で気泡が入ったタイプのガラスだから、温かい雰囲気に。

1 まぐろのたたきを盛りつける

赤身のまぐろの透明感を生かす盛りつけのバリエーションをご紹介します。
器の形や質感によって変わる表情を楽しみましょう。

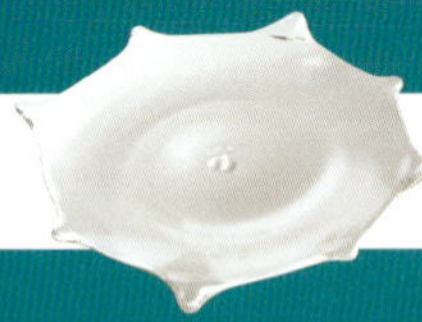

ガラス大皿に盛る

まぐろは平面に、けんは山型に盛る。しょうゆゼリーでゴージャス感を出す

山型のけんが立体感を出し、美しい印象に。ぐるりと囲んだまぐろの上にしょうゆゼリーをかけます。キラキラと光るしょうゆゼリーでゴージャス感を出して。

1 **大根と貝割れ大根のけんを器の真ん中に山型に盛る。**
2 **周りにまぐろのたたきを放射状に並べる。**
3 **まぐろの上にしょうゆゼリーをのせる。**

◎盛りつけポイント

まぐろは放射状に並べる

真ん中にけんを山型に盛り、その周りを囲むように、放射状にまぐろを並べます。

しょうゆゼリーをソースに見立てる

ゼラチンで固めたしょうゆゼリーはキラキラしていてごちそう感が出ます。ソースに見立て、ぐるりと円を描いて。

Recipe

まぐろのたたき

材料（4人分）

まぐろ（刺身用サク）250g、大根10cm、貝割れ大根1パック、しょうゆゼリー（酒1/2カップ、みりん大さじ2、しょうゆ80ml、ゼラチン10g）、塩・生搾りのごま油各適量

作り方

1 しょうゆゼリーのゼラチンは冷水でふやかす。しょうゆゼリーを作る。鍋で酒とみりんを煮きり、しょうゆを加えてひと煮立ちさせ、火を止めてゼラチンを加えて溶かす。氷水にあてて冷まし、バットに薄く広げて冷蔵庫で冷やし固める。
2 大根はせん切りにし、根を切り落として半分に切った貝割れ大根と合わせる。
3 まぐろは軽く塩をふる。フライパンに生搾りのごま油を熱し、強火でまぐろの表面だけを焼き、ペーパータオルにとって余分な油をふき取る。5mm厚さの引き造りにする。2を中央に盛り、まぐろを周りに並べ、まぐろの上に1をかける。

※器はすべて参考商品です。

刺身料理

鮮やかなまぐろの赤身の色と透明感を出すなら、
ガラスのプレートに盛りつけましょう。
しょうゆをゼラチンで固めたゼリーが
おもてなし感を演出します。

ガラス大皿　直径33cm 高さ2.5cm／ふちが波のような変形皿。大人数のまぐろのたたきを盛りつけるときに。まぐろの透明感が引き立つ。
取り皿（白）　直径16cm 高さ3cm／透明感のあるガラスのテーブルには、白っぽい取り皿を組み合わせて。

多色　余白少なめ　山型

焼き〆の長角皿に盛る

まぐろを立ててずらして並べる。きれいな断面を生かした盛りつけ

まぐろのたたきは鮮やかな赤身の色を生かして盛りつけるのがポイント。立ててずらしながら盛りつけることで、上品なイメージに。

1 まぐろのたたきを立ててずらしながら盛りつける。
2 両脇に薬味おろしを山型にして盛る。
3 つけじょうゆは別盛りにする。

◎盛りつけポイント

まぐろの両脇に薬味おろしを盛る

まぐろの両脇に薬味おろしを山型に盛ることで、大根おろしの白と貝割れ大根の緑をプラス。明るく爽やかな印象に。

Arrangement Recipe

引き造りにしたまぐろを斜めにずらして直線に並べて盛り、両脇に大根おろしに貝割れ大根・紅たで各適量を混ぜた薬味おろしを盛る。つけじょうゆを別に添える。

焼き〆の長角皿　12×32cm 高さ2cm／焼き〆の器がまぐろの赤身を引き立てます。長角皿には直線を生かした盛りつけを。
しょうゆ皿　直径7cm 高さ2cm／緑と黄色のぽってりとしたドット柄がかわいらしい。

※器はすべて参考商品です。

深皿に盛る

あしらいは、まぐろの上に直線を描くようにのせる

ふちの立ち上がりがある白い深皿には、ポン酢浸しを。まぐろを寝かせて2列に並べ、平行になるように上に大根おろしをまっすぐにかけ、両端にはラディッシュのけんを添えて。

1 まぐろを寝かせながらまっすぐ2列に並べる。
2 大根おろしをまぐろの上に渡るようにかけ、おろししょうがを上にのせ、けんを両脇に盛る。
3 ポン酢しょうゆを薄く張る。

◎盛りつけポイント

ポン酢しょうゆを張って漬けまぐろに

立ち上がりのある器に、ポン酢しょうゆを薄く張れば、簡単漬けまぐろに。大根おろしをたっぷり添えて。

Arrangement Recipe

まぐろをまっすぐ重ねながら2列に並べ、大根おろし1/2本分をのせ、おろししょうが適量をトッピングし、ラディッシュのけんを添える。ポン酢しょうゆを薄く張る。

深皿　直径23.5cm 高さ3.5cm／乳白色のやさしい深皿。汁などを張る料理に。

プレート　直径27.5cm 高さ3cm／えんじ色のラインがアクセントのプレート。カジュアルな中におしゃれな雰囲気。

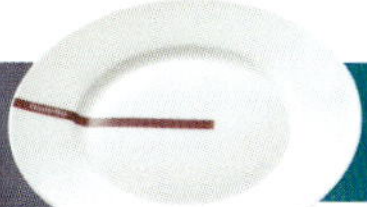

プレートに盛る

野菜と盛り、ソースをあしらえば、カジュアルフレンチ風に

レタスのせん切りをプレートに敷き、上にまぐろの赤身が見えるように縦に並べ、ソースをあしらえば、カジュアルフレンチの前菜風に。ラディッシュの輪切りがかわいらしい。

1 プレートにレタスのせん切りをのせる。
2 レタスの上にまぐろを縦に並べる。
3 周りにソースをあしらい、ラディッシュの輪切り、チャービルを飾る。

◎盛りつけポイント

マスタードソースをサイドに飾る

レタスとまぐろは真ん中に、余白にはマスタードソースで模様を描いて、フレンチ風に。

Arrangement Recipe

レタスのせん切り適量を敷いた上にまぐろを並べ、マスタード大さじ1にしょうゆ小さじ1を混ぜたソースを周りに飾る。ラディッシュの薄い輪切り適量を散らし、チャービルを飾る。

2 皮はぎの薄造りを盛りつける

皮はぎといえば、身と肝がおいしい魚。
身は弾力があるので薄造りにしていただきます。
刺身を盛る器とつけじょうゆ皿の関係も覚えましょう。

黒の六寸皿に盛る

添え物は中央、薄造りを扇形に並べる。左側から右側へ並べると美しい

黒い六寸皿に、白い身の薄造りを扇形に並べましょう。黒の器は白い身をグッと引き締めて美しく見せてくれます。真ん中には添え物をのせて料亭風の盛りつけに。

1. 薄造りを扇形に並べる。
2. 真ん中に大葉を添え、もみじおろし、あさつき、すだち、身皮、肝をのせる。
3. 別皿にポン酢しょうゆを添える。

◎盛りつけポイント

肝は一番手前に盛る

皮はぎの身だけでなく、肝も味わっていただくために、添え物と一緒に盛り合わせて。

Recipe

皮はぎの薄造り

材料と作り方（4人分） 皮はぎ1尾の肝は塩をして蒸気の上がった蒸し器で蒸し、冷まして4つに切り分ける。身の皮目の薄皮をそぎ取り、塩ゆでして水にとり、水けをきって細切りにする。皮はぎの身（上身）は薄造りにしながら器に半円状に盛りつけていく。大葉4枚を添え、もみじおろし・3cmに切ったあさつき各適量、半分に切ったすだち2個分、肝、身皮をあしらい、ポン酢しょうゆ適量を添える。

黒の六寸皿　直径18.5cm 高さ2.5cm／大きめの銘々皿は、1人分の刺身を盛りつけるのに最適。
半月形の折敷　32.5×37.5cm 高さ1cm／マットな質感の折敷に刺身をのせれば、華やかなおもてなし風に。
つけじょうゆ皿　直径8.5cm 高さ2.5cm／黒の丸い六寸皿には、白い変形のしょうゆ皿を組み合わせて。

単色　余白多め　平面

※器はすべて参考商品です。

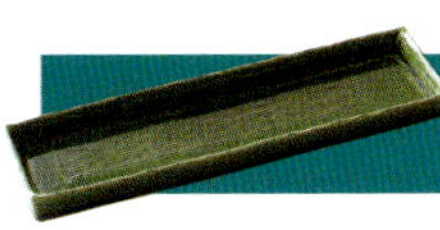

長角皿に盛る

細めの長角皿には、直線に並べる

ふちのある長角皿に盛りつけるときは、直線に並べて、スタイリッシュな印象に。薬味も直線を意識して、薄造りの上に散らします。肝と身皮は両端に添えて。

1 薄造りを細めの長角皿に並べる。
2 あさつきの小口切りと一味唐辛子を散らす。
3 肝と身皮は両端に盛る。別皿にしょうゆを添える。

◎盛りつけポイント

添え物も直線にトッピングする

刺身をまっすぐ並べたら、あさつきや一味唐辛子も直線を意識してトッピングして。

Arrangement Recipe

皮はぎを薄造りにしながら、細い長皿に直線に盛りつけ、小口切りにしたあさつき、一味唐辛子を散らす。肝と身皮を両端に盛る。

単色　余白少なめ　平面

長角皿　28.5×8cm 高さ2.5cm／深緑の細い長皿に白い身が鮮やかに映える。細長い形はそれだけで強い印象を与える。
しょうゆ皿　直径9cm 高さ1.5cm／細めの長皿には、白くて丸いしょうゆ皿が合う。

単色　余白多め　山型

変形深皿に盛る

薬味を薄造りで巻いて、余白をあけて盛れば上品な印象に

薄造りで薬味を巻いて、器に並べて。盛りつけるときは、小高く盛りつけて。紅葉の葉をあしらって、季節感を出します。

1 紅葉の葉を敷く。
2 薬味を包んだ薄造りを器の中央に盛りつける。
3 小高く盛りつけ、すだちなどを飾る。別皿にしょうゆを添える。

変形深皿　15.5×17cm 高さ4.5cm／白っぽい深皿は、上品な印象に。余白をたっぷり残して盛りつけるのがポイント。
しょうゆ皿　直径7cm 高さ2cm／白く質感のあるぽってりとした器には、黒釉の小皿を添えて引き締めて。

◎盛りつけポイント

薄造りは2段に積んで高さを出す

薬味を包んだ薄造りは、2段に積んで高さを出して。余白を生かして、紅葉の葉を効果的にあしらうと、料亭風な印象に。

Arrangement Recipe

薄造りにした皮はぎであさつきともみじおろし各適量を巻く。器にもみじを敷いて重ねて盛り、肝、身皮、8mm厚さに切ったすだち適量を添える。

3 帆立のタルタル仕立てを盛りつける

フレンチの前菜風の帆立のタルタル仕立てを、スプーンやセルクル、
グラスを使って盛りつけましょう。
素材を分けたり、混ぜたりすることで印象が変わります。

プレートに盛る

別々の素材を クネル形に形づくる。 余白を生かした盛りつけで フレンチ風に

クネルはフランス料理の魚のすり身のムース。紡錘《ぼうすい》形に作るのがクラシカルな印象です。素材を分けて、ひとつずつ盛りつけます。真ん中にはレタスを添えて表情を出し、余白にはオイルをたらして。

1 帆立のタルタルをスプーンでクネル形に形づくり、器に盛りつける。

2 きゅうり、トマトのタルタルもそれぞれクネル形にして盛りつける。

3 あいている余白部分に、レモンの皮と点などに描いたドレッシングを飾る。

◎盛りつけポイント

スプーンですくって紡錘形に盛る

スプーンで、タルタルをすくって、紡錘形に盛りつけて。あえて余白をあけるように盛りつけるのがコツ。

Recipe

帆立のタルタル仕立て

材料と作り方（4人分）　帆立貝柱（生食用）6個は白く固い筋を除き、5mm角に切り、塩・こしょう・オリーブオイル各適量を混ぜ合わせる。きゅうり2本は3mm角に切り、塩をふって10分ほどおく。水けをペーパータオルなどでしっかりとり、こしょう・オリーブオイル各適量を混ぜ合わせる。トマト小4個は湯むきをして種をとり、5mm角に切る。塩適量をふって10分ほどおき、ペーパータオルなどでしっかりと水けをとり、こしょうとオリーブオイル各適量を混ぜ合わせる。レモン汁大さじ1、塩小さじ1/2、白こしょう適量、オリーブオイル大さじ1を混ぜてドレッシングを作る。器に帆立、きゅうり、トマトをスプーンで楕円形に形づくって盛り、フリルレタス適量を飾り、白い部分を除いて小角切りにしたレモンの皮少々、ドレッシングを点状に描く。

プレート（白）　直径28cm 高さ2cm／グリーンや赤の素材の色を引き立たせるには、プレーンな白が一番。

多色　余白多め　平面

ガラスの変形プレートに盛る

別々の素材をセルクルに詰めてガトー仕立てに。層をきれいに見せるテクニック

塩、こしょう、オリーブオイルであえた帆立、きゅうり、トマトを順にセルクルに詰めて器に盛りつけます。横から見た美しさは格別。ガラスの変形プレートに盛り、レモンとピンクペッパーで涼やかな演出を。

1 セルクルをガラスの変形プレートの奥の方にのせて型を抜く。チャービルを飾る。

2 ドレッシングをかけて、レモンの皮とピンクペッパーを飾る。

◎盛りつけポイント

少し奥に盛り、手前をソースで飾る

ソースを手前にあしらうときは、セルクルを器の奥の方に置いて抜き、手前に余白をあけるのがコツ。

Arrangement Recipe

セルクルにあえた帆立、きゅうり、トマトの順に詰めて皿に盛り、チャービル適量を飾る。ドレッシングを周りに線状に流して細切りにしたレモンの皮・ピンクペッパー各適量を周囲に飾る。

ガラスの変形プレート　27.5×26cm 高さ3cm／しのぎのリムが美しいガラスプレート。透明感のあるプレートで冷たい料理を美しく見せる。

ワイングラス　直径7.5cm 高さ20cm／ステム（脚）が太めのワイングラスは安定感のある印象に。
下に敷いたお皿　直径22cm 高さ1.5cm／濃いピンクのラインがかわいらしい。全体のアクセントに。

ワイングラスに盛る

グラスに6～7割の高さに盛り、チャービルを飾ってエレガントに

ワイングラスを器にして、レストランの盛りつけに。大きめの小プレートを下皿に使って。タルタルを混ぜて、上品に盛りつければエレガントな雰囲気に。

1 タルタルの素材とドレッシングをすべて混ぜる。

2 ワイングラスに盛ってチャービルを飾る。

3 プレートにのせる。

◎盛りつけポイント

素材を混ぜてスプーンで盛る

帆立、きゅうり、トマト、ドレッシングを混ぜてワイングラスに盛りつけ、下皿に柄が長い細めのスプーンを添えて。

Arrangement Recipe

帆立、きゅうり、トマト、ドレッシングを混ぜ合わせてワイングラスに盛り、チャービル適量を飾る。長めのスプーンを添える。

4 さばの生寿司を印象的に盛りつける

生寿司（きずし）とは青魚を酢〆したもので、飯なしを指すのが一般的。
〆さばのことをさばの生寿司と呼びます。
切り込みに挟む素材で印象的な盛りつけに。

多色　余白多め　平面

Free style

白の六寸皿に盛る

さばの切りかけ造りに、すだちを立たせて盛る

さばは皮目が固いので、食べやすくするために切りかけ造りに。切り込みの部分にすだちを挟んで立たせて立体的に見せ、ラディッシュの輪切りを添えて強い印象を与えて。

1. さばの切り込みの部分にすだちの輪切り、おろししょうがを挟む。
2. 器の奥にけんや薬味を盛り、さばの生寿司を手前に盛る。
3. ラディッシュの輪切りを添える。

◎盛りつけポイント

切り込みにすだちを立たせる

さばの切り込みに立たせたすだちの輪切りと、ラディッシュの輪切りが印象的。緑と赤の丸がインパクトを与えます。

Recipe

さばの生寿司

材料と作り方（4人分）　さばの上身1尾分は重量の2%の塩をして脱水シートに包んでラップで包み、冷蔵庫に半日おく。取り出して米酢1:水1にグラニュー糖と塩を各少々加えたものにつける。表面が薄く白くなったら汁けをきり、白板昆布（おぼろ昆布を削ったときに最後に残る芯の部分）で包み、さらにラップで包んで冷蔵庫で半日おく。皮をむいて間に切り目を入れながら1cm幅の平造り（切りかけ造り）にする。切り込みの間におろししょうがと輪切りにしたすだち各適量を挟む。器の奥にきゅうりの柏子木切り・みょうがのけん各適量を盛り、大葉を立てかけ、さばの生寿司を盛る。ラディッシュの薄切りを散らす。耐熱容器に酒大さじ1を入れ、ラップなしで電子レンジに30秒かけて煮きり、しょうゆ大さじ1、しょうがの絞り汁少々を加えてつけじょうゆにする。

白の六寸皿　直径19cm 高さ2cm／白い大きめの銘々皿には、１人分のお造りをのせて。緑や赤のコントラストが映えて美しい印象に。
しょうゆ皿　直径6.5cm 高さ2cm／透けた模様がかわいらしいしょうゆ皿。六寸皿と同じ色合いでも、質感や模様などで変化をつけるといい。

5 甘鯛の昆布〆を華やかに盛りつける

昆布〆は普通に盛りつけるだけでは、わかりにくい料理。
昆布の上に昆布〆を並べれば、イメージと強いインパクトがつきます。

Free style

粉引七寸皿に盛る

昆布の上に並べて、香りと色のインパクトを出す

昆布の上に甘鯛を並べることで、昆布〆のイメージをわかせ、うまみと香りを甘鯛につけましょう。菊の花の花びらを散らし、全体を華やかなイメージに。

多色　余白多め　平面

1 昆布に甘鯛の昆布〆を並べる。
2 みょうがのけんとともに器に盛る。
3 半分に切ったすだちのいちょう切りと菊の花の花びらを散らす。

◎盛りつけポイント

彩りに菊の花びらを散らす

昆布の黒に、黄色の菊の花びらを散らすことで、鮮やかな印象にするとともに菊の花の香りをプラス。全体ではなく、あくまでも甘鯛の上に散らすのが上品に盛りつけるコツ。

Recipe

甘鯛の昆布〆

材料と作り方（4人分）　甘鯛の上身200gは塩をふって15分おき、水けをふいて白板昆布で包み、ラップに包んで冷蔵庫で半日おく。細造りにして昆布に並べ、みょうがのけんとともに皿に盛る。半分に切ったすだちの薄いいちょう切りと菊の花の花びら各適量をほぐして散らす。酒大さじ2を耐熱容器に入れ、ラップなしで電子レンジに1分かけて煮きり、しょうゆ・すだちの搾り汁各小さじ2を加えてつけじょうゆにする。

粉引七寸皿　直径20cm 高さ2cm／甘鯛の色に近い色の器を選び、昆布を敷くことで、バランスをとって。
しょうゆ皿　8×10cm 高さ2.5cm／茶色の水玉柄が和風だけど、かわいらしい。
ぐい呑み　直径5cm 高さ6.5cm／プレーンな無地の皿には、柄の入ったぐい呑みを組み合わせる。

1 白あえを盛りつける

野菜やこんにゃくに下味をつけて、豆腐のあえ衣であえる白あえ。
あえ衣と具材を別々に分けて盛りつければ、バリエーションが広がります。

黒の深鉢に盛る

器に対して、山型に盛る。すっきりと洗練された料亭風に

白あえといえば、小鉢に山型に盛るのがスタンダード。小鉢に余白を残して盛りつけ、器から上1/3ぐらい見えるのが美しく見えるポイント。

1 **具材とあえ衣を混ぜる。**
2 **土台を作るように深鉢に盛る。**
3 **山型になるように形をととのえながら盛りつける。**

◎盛りつけポイント

土台を作るように盛る
まずは、盛りつける範囲を決めるようにして、白あえを真ん中にのせる。

2〜3回に分けて山型に盛る
2〜3回に分けて盛りつけ、山型になるように形をととのえるのがコツ。

Recipe

春菊、こんにゃく、しいたけの白あえ

材料と作り方（4人分）

1 春菊1束は太い茎を除いて食べやすい長さに葉をちぎり、ゆでて水にとり、水けを絞る。だし汁大さじ1と薄口しょうゆ小さじ1/2を混ぜ合わせたものであえて下味をつける。
2 こんにゃく1/4枚は細切りにしてゆで、ザルに上げる。だし汁1/4カップと酒大さじ1/2とともに小鍋に入れて落とし蓋をして煮立て、弱火にして5分煮る。みりん大さじ1/2を加えて2〜3分煮、しょうゆ大さじ1/4を加えてさらに5分煮て、そのまま冷ます。
3 干ししいたけ2枚はひたひたの水と密閉袋に入れて空気を抜き、一晩冷蔵庫で戻し、軸を除いて細切りにする。戻し汁をこして水と合わせて1/2カップにし、しいたけとともに鍋に入れて煮立て、アクを取ってグラニュー糖大さじ1/2を加えてから、落とし蓋をして5分煮る。みりん大さじ1と1/4を加えて2〜3分、しょうゆ大さじ1を加えてさらに5分煮る。
4 木綿豆腐1/2丁は布巾に包んで重石をし、2〜3時間水きりをする。裏ごしして練りごま大さじ1/2を加えてすり混ぜる。酒・みりん各大さじ1/2は耐熱容器に入れてラップなしで30秒加熱して煮きり、豆腐に加えて混ぜる。塩少々、薄口しょうゆ小さじ1/2で味をととのえる。
5 1、2、3の汁けをきって混ぜ、4であえ、深鉢に山型に盛る。一味唐辛子をふる。

あえ物料理

素材を別々に下味をつけて
豆腐衣であえた白あえは、
素朴ながら手間のかかる料理。
おもてなしの席には、
焼き〆の深鉢に山型に盛りつけて
上品な料亭風に。

単色　余白多め　山型

黒の深鉢　直径15cm 高さ4.5cm／焼き〆の深鉢は、白い料理をキリッと美しく見せてくれる器。

青磁の長角皿に盛る

素材を別々にして、線を生かして並べる。あえ衣をソースに見立てて素敵な印象に

それぞれ別で煮た具材を横にして並べ、上から白あえの衣をかけて、平面的な盛りつけに。具材の長さは揃えて盛るのが重要なポイント。

1 こんにゃく、春菊、干ししいたけを順に並べる。
2 上から白あえの衣をまっすぐかける。
3 一味唐辛子を白あえの上にまっすぐかける。

◎盛りつけポイント

真上から見て模様を描くように盛る

平面的な盛りつけは、真上から見て、模様を描くように並べるのがポイント。横と縦のラインを美しく並べて。

多色　余白多め　平面

青磁の長角皿　17×24cm 高さ3cm／地味めの色みの具材には、青磁器の淡いブルーで明るい表情に。

洋皿に盛る

あえ衣をソースとして下に敷く。具材は山型に盛って洋風に

モスグリーンの洋皿に盛るなら、白あえのあえ衣をソースとして丸く敷き、上には混ぜ合わせた具材を山型に盛りつけて立体感を出して洋風のイメージに。

1 洋皿に白あえ衣を敷く。
2 具材を山型に盛りつける。
3 しょうがの絞り汁を落とす。

◎盛りつけポイント

あえ衣の上に盛るときは山型が基本

平面×山型盛りは、美しく見せる定番スタイル。和風の料理でも、盛り方ひとつでフレンチ風に。具材は手を添えながら、盛りつけるとキレイな山型に。

洋皿（モスグリーン） 直径21cm 高さ3cm／和風の料理も盛りつけ方ひとつで素敵な印象に。

大きめの銘々皿に盛る

具材を混ぜて山型に盛り、あえ衣を鞍かけにする

具材を混ぜて山型にこんもりと盛り、上からあえ衣を斜めに鞍かけして、おろししょうがを天盛りに。幅を持たせてあえ衣をソースに見立てれば、ボリューム感が出ます。

1 具材を混ぜ合わせて皿に山型にこんもりと盛る。
2 白あえ衣を鞍かけする。
3 おろししょうがを天盛りする。

◎盛りつけポイント

正面から斜めに見えるようにかける

白あえ衣をソースに見立て斜めに鞍かけすることで、おもてなし風に。ぽってりとしたあえ衣が引き立つ。

大きめの銘々皿 直径16.5cm 高さ3cm／茶系の釉薬のにじみ具合が特徴的。シックな盛りつけに。

2 ピータン豆腐を盛りつける

ピータン豆腐のような色のシンプルな料理は、
形のある器でよりかわいく、素敵な印象に。
盛り方を工夫すれば、新感覚の料理に見せることができます。

タンブラーに盛る

豆腐とピータンを大きめにくずして盛ると、横から見て楽しい印象に

ガラスのグラスに盛るときは、横から見える美しさを表現することがポイントになります。大きめにすくった豆腐、角切りにした白身を盛り、黄身を使ったソースをかけて。

1 スプーンで豆腐を一口大にすくってグラスに盛りつける。
2 白身を1cm角に切って豆腐の上に盛りつける。
3 黄身のピュレを上からかけ、香菜をのせる。

◎盛りつけポイント

仕上げに黄身のピュレをかける

ピータンの黄身をソースとして使うことで、コクのある一品に。最後に黄身のピュレをかけて香菜をトッピング。

Recipe

ピータン豆腐

材料と作り方（4人分） ピータン2個は殻をむいて黄身と白身に分け、黄身は裏ごししてピュレ状にし、ごま油小さじ2、しょうゆ小さじ1と2/3で味をつける。白身は1cm角程度に切る。絹ごし豆腐1丁は一口大にすくってグラスに盛り、塩・ごま油・しょうがの絞り汁各適量を混ぜ合わせたものをかける。白身と交互に重ね、黄身のピュレをのせ、香菜適量を飾る。

タンブラー　直径10cm 高さ8.5cm／薄手のタンブラーは透明感があり、層の重なりを美しく見せてくれる。
銘々皿　直径13cm 高さ1.5cm／温かみのあるぬりの銘々皿は、下皿として使って。

変形皿に盛る

豆腐とピータンを直線に盛りつけ、モダンな一品に

豆腐を1cm幅に切って、寝かせながらまっすぐ並べ、上にピータンソースをまっすぐかけます。刻んだ香菜も縦に散らして直線的な盛りつけに。

1 1cm幅に切った豆腐を寝かせながらまっすぐ並べる。
2 ピータンソースを豆腐にかける。
3 刻んだ香菜をピータンソースの上にかける。

◎盛りつけポイント

薬味も直線にかける

直線的な盛りつけは、ソース、薬味もすべてを直線的にするのがスタイリッシュに見せるコツ。

Arrangement Recipe

ピータンは白身と黄身を混ぜて刻み、ごま油としょうゆで味をととのえる。香菜の軸のみじん切りとしょうがのみじん切りを混ぜる。豆腐を1cm厚さに切って器に並べ、ピータンソース、香菜・しょうが各適量を直線にのせる。

変形皿　15×24cm 高さ2cm／黒っぽい長皿は、豆腐の白とピータンの黒を引き立たせる。

菊五寸皿に盛る

豆腐とピータンの白身を重ねて、モダンチャイニーズ風に

五寸皿に豆腐を土台にし、半分に切った白身のカップに、豆腐を盛り込み、黄身のピュレをかける工程を重ねて、高さを出す盛りつけに。モダンな雰囲気が出され、洗練された印象に。

1 豆腐を盛る。
2 半分に切ったピータンの白身をくぼみを上にしてのせる。
3 くぼみに豆腐を盛り、黄身のピュレをかけ、しょうゆを少量落とし、香菜を飾る。

菊五寸皿　直径16cm 高さ2cm／ふちの部分が菊の花びらのよう。シンプルな料理でも、印象深い盛りつけに。

◎盛りつけポイント

半分に切った白身の穴に豆腐を詰める

半分に切った白身のくぼみに豆腐を重ね入れ、創作料理風に印象づけて。香菜は形のいいところを選んで添えて。

Arrangement Recipe

豆腐は1cm角程度の大きさに切る。ピータンは縦半割りにし、黄身をはずす。黄身は裏ごししてピュレ状にし、ごま油小さじ2、しょうゆ小さじ1と2/3で味をつける。豆腐を少量、器に敷いてピータンの白身をのせ、くぼみに豆腐を重ね入れる。黄身のピュレをのせ、しょうゆを少々落とし、香菜を飾る。

もっと素敵になる！スタイリングテクニック

セッティング、器とクロス、器と料理の関係など、テーブルをスタイリングするときの基本の部分をおさえましょう。
基本がわかれば、あとはアレンジするだけです。

和の1人分セッティング

同じセッティングでも選ぶ折敷や器で雰囲気はがらりと変わるもの。
そのシーンに合わせてセッティングすることがポイント。

木の折敷でカジュアルな和食を

木の折敷《おしき》は現代風のカジュアルな和の印象に。少し洋風な貝の箸置きにはふき漆のお箸で折敷との色の差を出します。ガラスのぐい飲みでカジュアル感を出し、洋風のナプキンを添えて。

黒ぬりの丸盆で懐石風

黒の真ぬりの折敷を使い、漆ぬりの盃を添えて格調高く。お箸も正式な赤杉の両細をたっぷり水に浸してからふき上げてセットして。おしゃれな柄の手ぬぐいをナプキン代わりに。

洋の1人分セッティング

洋のセッティングも揃える食器、並べ方などのルールがあります。
あとはテイストを揃えて、自分好みのセッティングを楽しみましょう。

焦げ茶×白でスタイリッシュ系

イタリアモダンのようなシャープな印象にしたいときは、焦げ茶と白というきっぱりとした色の組み合わせで。ランナーを縦に使い、プレート、カトラリーもシャープな印象のものを揃えて。

花柄のプレートでフェミニン系

花柄＋金縁のフェミニンな組み合わせには、クロスの色もプレートの柄の一色をとって器の柄が生きるように。ワイングラスやカトラリーもやわらかくやさしい印象のものをセレクトしましょう。

中華の1人分セッティング

中華料理は、円卓の定番の中華セッティングを思い浮かべますが、
モダンチャイニーズのセッティングも覚えておくと、おしゃれなテーブルを演出できます。

シンプルなモダンチャイニーズ系

モダンチャイニーズ風にするには、色数を抑えてダークな色と白という洋風の色合いに統一することがポイント。小碗やれんげなど、形は中華風な印象を残しつつ、葉形の皿でアジアンエスニックなおしゃれ感をプラスして。

定番の中華セッティング

定番の中華セッティングでは器の柄を揃え、クロスにも中華風な柄を添えてチャイニーズ気分を満載に。器の色の中でポイントになる色を決めて、その他の色でテーブル全体を統一すれば、野暮ったい印象にはなりません。

カジュアルな1人分セッティング

毎日の食卓や、気の知れたお友達で集まるときに覚えておきたい、カジュアルなセッティング。
色使いや素材によって表情を変えることができます。

ポップ&カジュアル系

北欧風の柄の皿をメインにしたカジュアルなセッティング。器の柄の色からテーブル全体の色を構成します。柄の中の黄色をランチョンに、茶色をグラスに。カトラリーも木の柄のカジュアルな雰囲気のもので揃えます。

シンプル&ナチュラル系

シンプルで温かい印象のナチュラルなセッティング。厚手のやわらかい陶器の皿をメインにし、ランチョンもシンプルな色調のワッフル織りの温かい感じのものを。グラスも厚手のガラスを組み合わせて全体にアットホームな印象に。

色と質感の関係をマスターする

料理と器、クロス、カトラリーを素敵にスタイリングするには、色と質感の関係を考えることが重要なポイントです。それぞれの基本をおさえましょう。

皿とクロスの色と柄の関係を考える

皿とクロスにはさまざまな色と柄がありますが、組み合わせ方のポイントをおさえておくと、素敵なスタイリングが実現できます。

クロスと皿の色のトーンが合わない

皿のリムの緑とクローバーの緑が微妙に色調がずれているので、しっくりとなじまず、なんとなく皿が浮いたような感じに。

クロスと皿の色のトーンが同じ

クロスに刺しゅうされたクローバーの緑と皿の色が同じなので、しっくりとなじみます。同じ色調の濃いものか、薄いものを選ぶのが成功の秘訣。

クロスと皿の柄のトーンが合わない

エレガントな花柄の皿に合わせる布は、柄のピンクと色が合っていても、チェックというカジュアルな柄は合いません。

クロスと皿の柄のトーンが同じ

エレガントで金縁のやさしく品がいい花柄の器には、同じトーンのピンクで品のいい模様のクロスがよく合います。

派手な柄の皿とクロスは合わない

色調は合っていても、皿とクロスの柄＋柄の組み合わせがうるさくなって、両方のよさが出てこなくなります。

柄が派手な皿には、無地のクロスで

北欧っぽい花柄の派手な皿には、無地のランチョンで質感がカジュアルなものを合わせると皿の柄がよく映えます。

器のテイストと組み合わせ方

２つ以上の質感の違う器を組み合わせるとき、なぜかしっくりこない…なんて経験はありませんか？
それぞれの器の持つテイストを揃えることがポイントです。

○ 器の質感が合う組み合わせ

色絵碗×葉形陶器

伝統的な和のテイストの器の組み合わせ。和食器ならではの具象的な形や文様をしたもの同士ですが、渋い信楽焼きと、色絵の京焼という違った印象のものを組み合わせることで、奥行きが出ます。このような組み合わせを楽しめるのが和食器の醍醐味。

焼き〆×白磁

モダンなテイストの和食器同士の組み合わせも相性がいいのでおすすめ。黒い焼き〆と白磁のように無地っぽいシャープな印象の器同士で組み合わせます。色や形を変えて組み立てるのが和のスタイリングの重要なポイントです。

× 器の質感がチグハグな組み合わせ

色絵碗×白磁

モダンなテイストの器とクラシカルなテイストの器の組み合わせは、チグハグな印象に。左の桜の碗を生かすなら、同じ白磁でも伝統的な輪花形の小鉢などを。白磁の変形鉢を生かすなら、蓋ものをフォルムのモダンな無地のものに変えて。

葉形陶器×白磁

和食器ならではの具象的な形を表す葉形皿とモダンな白磁の変形鉢も、しっくりこない組み合わせ。葉形皿を生かすなら、クラシカルな白磁鉢を。白磁の変形鉢を生かすなら、長角のまっ平らな板皿や台皿などの銀彩や無地のものを選びます。

器の柄と料理の色の関係を考える

料理の色が単色か多色かによって組み合わせる器を考えてみましょう。
柄もしくは無地の器を合わせることによって、より料理がおいしそうに見えるコツをつかんで。

柄の器×単色の料理

単色の料理をよりおいしそうに見せる器として、料理を支える色柄の器を組み合わせるのも効果的。料理をおいしく見せてくれる赤などの暖色の柄がついた器に盛りつければ、一見地味な料理も華やかな印象に。

無地の器×単色の料理

料理が単色の場合、料理の色を引き締める（引き立てる）ような色合いの器で浮き立たせるのがポイント。白っぽい印象の料理は、黒の無地の器を組み合わせることで、グッと料理が引き締まり、高級感を印象づけてくれます。

柄の器×多色の料理

色や形がいろいろある料理の場合、多色の柄の器に盛ると柄と料理がケンカしておいしそうに見えなくなります。器の柄の形も料理の形と同じイメージなので、ごちゃごちゃとして美しくありません。

無地の器×多色の料理

料理自体に色や形がある場合は、無地のシンプルな器に合わせるのがポイント。色の多い料理には、白や黒のシンプルな皿が食材の色をよく引き立ててくれます。特に白は食材のおいしさを引き立てます。

季節の器を取り入れよう

和食は季節や行事と細かくリンクしているもの。季節の文様や形の器で春夏秋冬の風物や行事を表しましょう。
テーブルの上に季節感が生まれます。

お正月

一年のはじまりにいただくおせちやお正月料理に、季節の器を取り入れると雰囲気が盛り上がります。

羽子板皿
金彩の羽子板皿。前菜やおつまみなどを盛るのによい。

根引き松小吸い物椀
お正月に飾る根引き松をデザインした小吸い物椀。お吸い物だけではなく、お汁粉など甘味のものにも。

春の器

春を表す桜や貝などを柄や形にした器に料理を盛りつけるだけで、ふんわり春の雰囲気に。

桜文蓋もの
桜が色絵で全体に描かれた蓋もの。京焼き。蓋ものは開けたときの楽しみが演出できる貴重な器。炊き合わせや蒸し物などいろいろな料理に活用できる。

貝合わせ皿
貝合わせの貝を模した器。お雛様のときに使うとよい。珍味やあえ物などを。

秋の器

秋を表す柄や形といえば、木の葉や菊、紅葉など。赤とんぼをモチーフにしているものもあります。

木の葉皿
葉の形をかたどった信楽焼き。落ち葉をイメージするので秋に使うのがふさわしいが、同じ葉形でも青いもみじなどは初夏の器になる。

乾山写し絵替わり皿
乾山の絵替わり皿を模したもので、ひとつのモチーフとしてよく使われる。いずれも秋の風情を文様化した柄なので、秋に使うのがふさわしい。

菊形皿
菊をかたどった銘々皿。秋に使うと最もよいが、菊形はおめでたい形ということで通年使うことができる。

夏の器と冬の器のこと

夏は涼しげな色柄や薄い器を。朝顔や紫陽花、金魚の色絵の器や青白磁やガラスの器を多く取り入れます。冬はつばきの花や雪の文様のもの、温かみのある唐津などの土ものがおすすめ。

小物使いのスタイリングアイデア

テーブルを素敵に見せるために、ちょっとした工夫で
さらにおしゃれにスタイリングできるアイデアを豊富にご紹介します。

箸置き・ナイフレストアイデア

陶器の箸置きやステンレスのナイフレストも定番ですが、
身近にあるもので作ればもっと素敵になります。

貝殻を裏に返して ナイフレストに

貝殻の裏側のへこんでいる方を上にして置き、そのくぼみにナイフとフォークを置いて。ちょっと粋なナイフレストに。

はらんを丸めて 箸置きに

はらんを折り畳み、くるくる巻いてひもで縛れば、簡単箸置きに。和食のセッティングのときに添えると目を引きます。

松の葉を束ねて 両端を留める

松の葉は、束ねることで厚みを増し、両端をひもで留めることで和風のナイフレストになります。お正月のおもてなしの席に。

ワインクーラー・酒器のアイデア

ワインクーラーは大きめの深さのあるものなら、何でもOK。
片口の器、酒器の使い方も覚えましょう。

酒器を 花入れとして使う

取っ手つきの酒器に花を生けるのも、素敵なアイデア。季節のお花を生けておもてなしのテーブルに、さりげなく添えて。

ガラスの片口を 酒器として使う

ガラスの片口の器に、日本酒や焼酎を入れて酒器として使いましょう。ガラスは透明感があるので、おしゃれな演出ができます。

大鉢に氷水を入れて ワインクーラーに

焼き〆の大きな深鉢にたくさんの氷と水を入れ、ワインクーラーの代わりに。写真の大きさの鉢ならワインも2本は入るし、和食の席にもぴったりです。

紙皿・紙コップのアイデア

おもてなしやパーティーで使われる紙皿や紙コップも、
アイデア次第で、個性的でおしゃれな演出ができます。

クリアカップは2枚重ねで ハーブをはさむ

クリアカップの底にハーブを入れて、もうひとつクリアカップを重ねれば、丈夫でおしゃれなオリジナルカップが作れます。

紙コップにリボンシールで 目印をつける

紙コップはすぐに自分のものがどれなのか、わからなくなりがち。リボンシールを貼っておけば、目印にもなってかわいらしい印象に。

紙皿は2枚重ねて クリップで留める

紙皿は汚れやすく、やわらかいのが難点。紙皿を２枚重ねて大きめのクリップで留めておけば、しっかりする上に上の紙皿が汚れてもすぐ取り替えられるから便利。

テーブル花のアイデア

テーブルに花を添えると、パッと明るい雰囲気に。
生花の代わりに野菜や果物、ナッツ類を使えば、より個性的にスタイリッシュなテーブルができあがります。

ガラスの花器にフルーツの 輪切りを入れる

平べったいガラスの花器に生花ではなく、柑橘系のフルーツの輪切りで、アートっぽく。フルーツの厚みをガラスの花器に合わせるのがコツ。

高さ違いのグラスに ナッツを入れる

背の高いタンブラーと背の低いタンブラーを交互に並べ、１種類ずつナッツやドライフルーツを入れてテーブルの中心に置いて印象的な演出に。

タンブラー×黄パプリカ× ハーブ

黄色のパプリカを横半分に切り、下の部分を背の低いタンブラーにはめ込み、そこにチャービルやイタリアンパセリなどのハーブをさして、テーブル花に。

パン・バター・オイルのスタイリング

おもてなしのテーブルで、料理に合わせて出すことの多い、パン、バター、オイル。おしゃれな出し方を覚えておくと、ワンランク上のおもてなしが実現します。

パンを盛り合わせる

パンはバゲットやグリッシーニなど、形違いのものを数種類お出しすると喜ばれます。そんなときに役に立つおしゃれな盛り方をマスター。

種類別に分けて、違う器に盛る

手持ちの器をいくつか組み合わせてパンの盛り皿にしましょう。細長いグリッシーニはカップ状の器に立てて盛り、バゲットは長角皿に並べて。

数種類をカッティングボードに盛る

木のカッティングボードは、盛り皿代わりにもなります。数種類のパンをスライスして並べれば、いつもと違うおしゃれなスタイリングに。

オーブンシートを器に見立てる

バゲットは切ったものを1本の形にまとめて、オーブンシートでボート形に包んで。こうすればパン用の長皿がなくても OK。

パンを1人分盛る

1人分ずつ盛り分けてお出しするときのアイデア。ちょっとした工夫で、よりスタイリッシュな印象になります。料理の脇役だからこそ、こだわって盛りつけましょう。

紙ナプキンを重ねた上にのせる

紙ナプキンを重ねて1人用のパン皿の代わりにするアイデア。パンを食べている最中にこぼれても、紙ナプキンでふけるから安心。

1人分セットのときは、縦に盛りつける

細長い皿をパン皿として使いましょう。洋のセッティングのカトラリーの横に並べます。グリッシーニのような細長いパンも置きやすくて便利。

プレート on グラスに盛りつける

1人分のパンをグラスにさしてセッティング。取り皿の上にグラスをセットし、バターナイフを添えて。高さが出ることで洗練された印象に。

バターのスタイリング

バターも形を変えられるので、そのままの大きさ、小さい角切り、器に詰めるなど、
それぞれのシーンに合わせて、スタイリングしましょう。

小さい器に すり切りで詰める

フレンチのレストランで出てきそうな、バターの出し方。常温に戻したバターを小さい器に詰めてお出しします。１人用のセッティングに。

角切りバターを 小皿に盛る

１つずつ取りやすいように、角切りにして小皿に盛りつけてお出しします。食事がはじまる直前まで冷蔵庫で冷やしておくのがおすすめ。

大きいバターを プレートに盛る

何人かでパンを取り分けるときは、平らなプレートにバターの大きな形を生かして盛りつけると、贅沢な印象に。木のバターナイフを添えて。

オイルのスタイリング

パンに添えられるオリーブオイルの出し方にもひと工夫。
いろいろな出し方を覚えておくと、あらゆるシーンで活躍できそう。

オイル皿と一緒に 塩の入ったボウルを添える

オイル皿にオリーブオイルを入れ、パンをつけるだけでもおいしいけれど、フルール・ド・セルなど、自然塩をちょっとプラスするのもおすすめ。

オイル入れの片口の器と １人用のオイル皿をセット

オイル入れの片口の器があれば、立ち上がりのあるオイル皿に使う分だけオイルを注ぎ、足りなくなったら補充できるから便利。

ガラスの器に入れ、 パンと一緒に盛る

１人用のパン皿に、１人用のオイル皿をセットしましょう。陶器のプレートに組み合わせるオイル皿はガラスの器で。

1 五色そうめんを盛りつける

赤、黄、緑、黒、白の五色が揃った五色そうめんは、
彩りはもちろん、栄養バランスのよさにも注目。
素材を混ぜる盛り方と分ける盛り方、薬味の盛り方を学びましょう。

ガラスの鉢に盛る

一番下をそうめん、その上に四色を重ねる。少なめに山型に盛って、上品な印象に

大きめのガラス鉢にそうめん、三色の野菜、錦糸卵を山型になるように盛りつけます。薬味で天盛りをして涼やかな印象に。余白をあけた山型は、一際エレガントな印象です。

1 ガラスの鉢にそうめんを盛りつける。
2 そうめんの上に細切りのきゅうり、長なすの皮、にんじん、錦糸卵を巻きながら盛る。
3 さらしねぎとおろししょうがを混ぜたもの、大葉、みょうがを重ねて天盛りし、だしを注ぐ。

◎盛りつけポイント

一番下にそうめんを少量盛る
そうめんを箸で一口分ずつ取りやすいように底全体に広げて盛るのがコツ。そうめんを多く盛りつけるのはNG。

食材別に少しずつ層になるように盛る
きゅうり、長なすの皮などは色のバランスなど様子を見ながら、少しずつ山型に盛りつけて。

Recipe

五色そうめん

材料（4人分）
そうめん2束、きゅうり2本、長なすの皮2本分、にんじん1本、錦糸卵（卵4個、塩少々、サラダ油少々）、そうめんだし（だし汁3カップ、みりん・しょうゆ各1/2カップ、かつお節15g）、みょうが（小口切り）2個分、長ねぎ（小口切り）1/4本分、おろししょうが適量、大葉（せん切り）4枚分、塩適量

作り方
1 きゅうりは縦長の細切りにし、水200mlに塩4gを溶かした塩水につける。長なすの皮も同様に切って塩水につける。
2 にんじんは1と同じくらいの細切りにして塩ゆでし、水にとって水けを絞る。
3 錦糸卵を作る。卵をほぐし、塩を加えてこす。薄く油をひいた卵焼き器で薄焼き卵を作る。縦長に細く刻む。
4 そうめんだしを作る。鍋にだし汁を温め、みりんを加えてひと煮立ちさせる。しょうゆ、お茶パックに入れたかつお節を加え、湯気が上がるくらいの火加減で10分煮る。冷ましてからお茶パックを絞って取り出し、冷やす。
5 そうめんをゆでてザルに上げ、すぐに冷水でもみ洗いをしてしっかり水けをきる。
6 長ねぎはさらしに包んで水でもみ洗いをし、しっかり絞る。鉢にそうめんを盛り、1〜3を形よく重ねる。さらしねぎとおろししょうがを混ぜたもの、大葉、みょうがをのせて4をかける。

※器はすべて参考商品です。

麺・パスタ

そうめん、にんじん、きゅうり、なす、卵の五色に、
薬味も重ねた美しい盛りつけ。
大きいガラス鉢には少なめに盛りつけ、
そうめんだしをかけてぶっかけ風に。

多色　余白多め　山型

ガラスの鉢　18×20cm 高さ8cm／透明感が美しいガラスの鉢。冷たい料理を盛りつけるとさらに涼やかな印象に。

焼き〆の大鉢に盛る

氷水に浮かべて鮮やかに。
薬味は青竹に入れて
涼やかな印象に見せる

細切りにした野菜と錦糸卵、ゆでたそうめんを混ぜて氷とともによくぬらした焼き〆の器に盛り、薬味はそれぞれ青竹の筒に入れ、だしはガラスの器に。

1. 細切りの野菜と錦糸卵、そうめんを混ぜ、氷水とともに焼き〆の大鉢に盛る。
2. 薬味は青竹の筒にそれぞれ入れる。
3. そうめんだしはガラスの器に入れる。

◎盛りつけポイント

五色そうめんは混ぜて氷水に浮かべる

焼き〆の器に氷水を浮かべ、混ぜ合わせた五色そうめんを盛りつければ、色が映えてキレイな印象に。

焼き〆の大鉢　直径20cm 高さ9.5cm／どっしりとした安定感のあるフォルムは、それだけで存在感が出る。
青竹筒　直径4.5cm 高さ5cm／青竹の筒を器の代わりに使うと、清涼感を与える。
ガラス小鉢　直径9cm 高さ7cm／焼き〆にガラスの器を合わせると、涼やかな印象に。

※器はすべて参考商品です。

籠に盛る

はらんの上に、一口分ずつ巻いたものを並べる

野菜と錦糸卵、そうめんを混ぜ、一口分ずつ丸めてはらんを敷いた籠に並べ、薬味を1種類ずつのせることで、見た目の変化を出して。だしは別添えしましょう。

1 三色の野菜と錦糸卵、そうめんを混ぜて、一口分ずつ丸める。
2 はらんを敷いた籠に横に並べる。
3 薬味を1種類ずつのせる。

◎盛りつけポイント

箸を使ってくるくる巻きながら盛る

そうめんをきれいな一口分に巻くためには、盛りつけ箸のような先が細いタイプがおすすめ。

籠　16×23.5cm 高さ2cm／籠は涼やかな雰囲気を出すマストアイテム。はらんを組み合わせて。

長角皿に盛る

1人分を細長く盛りつけて、薬味を点々と直線に並べて

石の皿を冷蔵庫で冷やしておき、野菜と錦糸卵を混ぜたそうめんを一本の太い直線に盛って。そうめんと平行に薬味類を少しずつ並べて平面的な盛りつけに。真上からの見た目がかわいらしい。

1 石の皿を冷蔵庫で冷やしておく。
2 三色の野菜と錦糸卵、そうめんを混ぜ合わせ、手前に直線に盛る。
3 後ろに薬味を1種類ずつ盛りつける。

◎盛りつけポイント

奥に薬味を間隔をあけて盛る

五色そうめんを手前に直線に盛り、奥に薬味を3種類、点を描くように間隔をあけてリズム感を出して。

長角皿（黒）　13.5×26.5cm 高さ2.5cm／さらざらとした石の質感がモダンな雰囲気に。

2 干し貝柱スープ麺をスープ皿に盛りつける

麺とスープがメインのシンプル麺料理の盛りつけは、
トッピングの存在感の出し方が鍵を握ります。
スープ皿に盛りつけて、モダンチャイニーズ風の麺料理を楽しみましょう。

単色　余白多め　山型

Free style

スープ皿に盛る

具の少ない麺料理は、トッピングでビジュアル的に見せる

スープ皿にゆでた中華麺、干し貝柱を盛りつけ、アツアツのスープを注ぐだけでは、寂しい印象に。トッピングをこんもりと天盛りし、高さを出すのがモダンチャイニーズ風。

1 スープ皿にゆでた中華麺を盛る。
2 上に干し貝柱を盛り、スープを注ぎラー油をたらす。
3 トッピングをこんもりとのせる。

◎盛りつけポイント

ラー油をソースのように点々とたらす

スープの上にラー油を点々とたらして、模様を描くのもおしゃれ。味のアクセントにもおすすめ。

Recipe

干し貝柱スープ麺

材料と作り方（4人分）　干し貝柱40gは水1カップに浸して戻し、固い部分を除いてほぐす。干しえび25gは水1/4カップに浸して戻し、細かく刻む。干し貝柱と干しえび、戻し汁、中華スープ（無塩ストレートタイプ）3カップ、長ねぎの青い部分1本分、しょうがの皮1片分を鍋に合わせ、煮立ててアクを取り、弱火でコトコトと1時間ほど煮る。途中、汁が減ったら湯を適宜足す。酒大さじ3、塩小さじ1/4、しょうゆ大さじ1で味をととのえる。中華麺4玉をゆでてしっかり水けをきって器に盛り、干し貝柱のスープをかけて香菜・白髪ねぎ各適量を合わせてのせる。

スープ皿　直径23cm 高さ5.5cm／光沢のある白のスープ皿。スープの透明感が引き立つよう、麺の外側までひたひたにスープを張るのがコツ。

※器はすべて参考商品です。

3 するめいかのわたソースパスタをごちそう風に盛りつける

いつものパスタも、具を大きく目立たせた斬新な盛りつけで、
スタイリッシュなレストラン風の印象に。イタリアンパセリのかけ方でさらにおしゃれに。

Free style

パスタ皿に盛る

多色　余白多め　山型

大きく切ったいかを上にのせて、ごちそう感を出す

大きく切ったいかをパスタの上にのせれば、グッとごちそう感が増します。赤唐辛子の天盛りとイタリアンパセリの彩りが全体を引き締めてくれます。

1 パスタを巻きながら盛りつけ、フライパンに残ったえんぺらと足の入ったわたソースをかける。
2 いかの胴をのせ、赤唐辛子を天盛りする。
3 イタリアンパセリのみじん切りをいかと交差するようにかける。

◎盛りつけポイント

ソースはパスタを盛りつけた後にかける
いかのえんぺらや足を刻んで炒めたソースをパスタの上からかけて食べやすく。

Recipe

するめいかのわたソーススパゲッティ

材料と作り方（4人分） するめいか1杯はさばき、わたは墨袋を除いて塩をふって冷蔵庫で1時間以上おく。えんぺらと足は1cm幅に細かく刻む。胴は皮をむき縦に4等分に切る。スパゲッティ200gを1%の塩を加えたたっぷりの湯でゆでる。フライパンにオリーブオイル大さじ1と1/3を熱して、にんにくのみじん切り2片分と種を除き、半分に切った赤唐辛子2本分を炒めながらゆっくり香りを出す。わたの水けをふいて加え、つぶしながら炒める。えんぺらと足を加えて炒める。ゆで上がったスパゲッティを加え、ゆで汁1カップ程度を加えてよく混ぜてからめる。いかの胴は別のフライパンにオリーブオイル大さじ1を熱し強火でさっと半生にソテーし、塩・こしょう各少々をふる。スパゲッティを盛り、ソースをかけていかをのせる。赤唐辛子を添え、イタリアンパセリのみじん切り適量を直線にかける。

パスタ皿　直径28cm 高さ2cm／リムの内側のあしらいがエレガントなパスタ皿。余白を生かして盛りつけるのがコツ。
ワイングラス　直径7cm 高さ17cm／カップ部分がタンブラーのように平らな底面でキリッとしたイメージ。長くて細いステム（脚）がスタイリッシュ。

1 巻き寿司を盛りつける

巻き寿司の盛りつけは、いつも同じでマンネリ…という人はいませんか？
丸盆、皿、角鉢などに形を変えて盛りつけることで、バリエーションが広がります。

丸盆に盛る

大皿の代わりに丸盆に盛って フォーマル感を出す

黒い丸盆に緑が鮮やかなはらんを敷いて料亭風の盛りつけに。巻き寿司は立てて盛り、裏巻き寿司は寝かせて手前に重ねて盛れば、フォーマルな印象に。

1 **丸盆にはらんを2枚敷く。**
2 **奥に巻き寿司を立てて並べる。**
3 **手前に裏巻きを寝かせて2段に重ねて盛り、甘酢漬けしょうがを添える。**

◎盛りつけポイント

立てて ずらしながら盛る
中の具がきれいに見えるように、立てて盛るときは、少しずつずらしながらがポイント。

はらんで仕切りを作り、手前は寝かせて盛る
手前の裏巻きとの境目を作るために、はらんを切って仕切りを作ると、全体にメリハリがつきます。

Recipe

巻き寿司

材料と作り方（太巻き2本分）

1 干ししいたけ大2枚はひたひたの水と密閉袋に入れ、空気を抜いて封をし、冷蔵庫で一晩おいて戻す。軸を除き、戻し汁をこす。かんぴょう10gはさっとぬらして塩もみをし、そのままゆでて爪が立つくらいになったらザルに上げる。
2 しいたけの戻し汁と水を合わせて1カップにし、しいたけとともに小鍋に入れて煮立て、アクを取ってグラニュー糖小さじ2を加えて落とし蓋をして10分煮る。みりん大さじ1と1/4を加えてかんぴょうを加え、10分ほど煮る。しょうゆ小さじ2と1/2とたまりじょうゆ小さじ1を加えてさらに10分煮、落とし蓋をはずして煮汁がほとんどなくなるくらいまで煮詰める。
3 厚焼き卵（13×17cmの卵焼き器1枚＝太巻き8本分）を作る。白身魚のすり身40g強をすり鉢でなめらかにする。酒とみりん各小さじ2と1/4は耐熱容器に入れてラップなしで電子レンジに40秒かけ煮きる。すり身に煮きった酒とみりん、卵2と1/2個、卵黄1と1/2個分、グラニュー糖大さじ1/2、塩ひとつまみを加えてよくすり混ぜる。卵焼き器を熱してサラダ油適量をひき、厚焼き卵の生地を流して蓋をし、弱めの中火で焼く。外側の卵に火が通ってきたら蓋にすべらせるように移し、卵焼き器をかぶせるようにして裏返し、火を通す。
4 車えび4尾は頭と背わたを除き、竹串を腹側にまっすぐ刺し、塩と酢各適量を加えた湯でゆでる。水にとって冷まし、水けをきって竹串からはずし、殻、尾を除く。米酢・水各1/4カップ、グラニュー糖10g、塩ひとつまみを合わせて車えびをさっと洗い、汁けをふく。
5 三つ葉2/3束は根元を結んで塩ゆでし、水にとって水けを絞り、結んだ部分を切り落とす。
6 寿司飯の米1.5合は昆布5gを加えて、米と同量の水を加えて炊き、炊き上がったら昆布を除いて寿司桶にあけて合わせた寿司酢(米酢35ml、グラニュー糖13.5g、塩4.5g)を回しかけ、切るように合わせて手早く冷ます。
7 焼きのり全形を縦に置いて寿司飯の半量をとって軽くまとめてから向こう側2cmをあけて全体に薄く広げる。3つに切ったしいたけ1枚分、かんぴょう半量、8等分に切った厚焼き卵1本、車えび2尾、縦半分に切った焼き穴子1/2尾分、えびでんぶ（市販品）大さじ1、半量の三つ葉を芯にして巻く。もう1本はのりにまんべんなく寿司飯を広げたら黒ごま適量をふり、裏返して同様に裏巻きを作る。
8 それぞれ6〜8等分に切り、器に盛る。甘酢漬けしょうが適量を添える。

※器はすべて参考商品です。

ごはん・リゾット

5種類の具を巻いた巻き寿司は、
それだけでおもてなし感がありますが、
お盆とはらんでグッとフォーマルな盛りつけに。
立てて盛る、寝かせて盛るテクニックを覚えましょう。

多色　余白多め　山型

丸盆（黒）　直径30cm 高さ3cm／丸い折敷を器として使うとフォーマルな表情に。
取り皿　直径15cm 高さ2cm／菊の花のようなしのぎが美しい取り皿。シンプルな丸盆に合わせてアクセントに。

しのぎ楕円皿に盛る

中の具材を
別々に巻いて細巻きに。
長さを生かして
スティック風に並べる

巻き寿司の中の具を2種類ずつに分け、細巻きにしてアレンジして。半分に切って長く盛るので、手巻き風の雰囲気も与えます。スティック状の形状を生かして盛りつけて。

1 細巻き5本を半分に切る。
2 器に細巻きを直線に3本分並べる。
3 上に2本分を重ねて盛る。

◎盛りつけポイント

半分に切って、切り口を外側に向けて盛る

長さを生かして直線に盛りつけるときは、切り口がきれいな方を外側に向けるのがポイント。

Arrangement Recipe

半分切りののりにP92の寿司飯を広げ、しいたけとかんぴょう、えびと三つ葉、細切りにしたきゅうり1本分と穴子、えびでんぶと三つ葉、甘酢漬けしょうがと厚焼き卵で細巻き5本を作る。半分に切って重ねて盛る。

しのぎ楕円皿　17×37.5cm 高さ1.5cm／しのぎが細かく入った長皿は、シンプルな巻き寿司に表情を与えてくれます。

※器はすべて参考商品です。

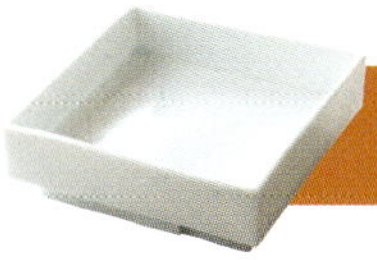

角鉢に盛る

丸い太巻きは、四角い鉢に盛ると引き締まる

1人分を角皿に重ねて盛り、はらんで仕切りをして甘酢漬けしょうがを添えます。脚つきの角鉢に盛ると、特別感も出るから、おもてなしの一品としてもおすすめ。

1. 角皿のやや奥側に太巻きを寝かせて2個並べる。
2. 上に太巻きを1個重ねる。
3. 手前をはらんで仕切り、甘酢漬けしょうがを添える。

◎盛りつけポイント

太巻きを奥、手前に甘酢漬けしょうがを盛る

1人分の盛りつけは、太巻きを奥に寝かせて盛りつけ、2段にして高さを出し、右手前に甘酢漬けしょうがを盛りつけて。

角鉢（白） 16×16cm 高さ5.5cm／高さのある四角い鉢は、フォーマル感が漂う。

変形六寸皿 18×18cm 高さ3cm／大きな鳴門巻きをひとつだけ盛るなら、リムに動きがあるものを。

変形六寸皿に盛る

1.5倍の太さにして1切れ盛りに。鳴門巻きの断面でインパクトを与える

太巻きとは違い、断面の「の」の字が印象的な鳴門巻き。巻き寿司の1.5倍の大きさにして、1人1切れを断面が目立つように皿の真ん中に置いて。

1. もみじを器の左上にのせる。
2. 鳴門巻きを中央に寝かせて盛る。

◎盛りつけポイント

かいしきを添えてアクセントに

季節の演出にもみじなどのかいしきを添えると、グッと季節感が出るとともに、鳴門巻きを引き立ててくれます。

Arrangement Recipe

のりを横長に置いて縦に2枚つなぎ、P92の寿司飯1と1/3本分を広げて具の材料を均等に並べ、手前からくるくると鳴門巻きにしていく。8等分に切り、もみじを添えて盛る。

2 オムライスを自由に盛りつける

オムライスといえば、ケチャップライスに薄焼き卵か、
とろとろオムレツがのっているイメージが定番。
それぞれの構造をばらばらに盛りつけて、インパクトを与えて。

多色　余白多め　平面

Free style

変形プレートに盛る

オムライスの構造を分解して、新感覚の料理として盛りつける

大きめのプレートを使い、チキンライス、とろとろスクランブルエッグ、ソースのそれぞれの構造を3列に並べて新感覚のメニューに変身させて。

1 器の中央にケチャップライスを縦に盛る。
2 左側にとろとろスクランブルエッグを盛る。
3 右側の余白にソースを添える。

◎盛りつけポイント

ソースは器の余白に添える
真ん中にケチャップライス、左側にスクランブルエッグを盛りつけて、右の余白にソースを添えて印象を決めて。

Recipe

ばらばらオムライス

材料と作り方（4人分）　フライパンにオリーブオイル少々を熱し、玉ねぎのみじん切り1/2個分とにんにくのみじん切り2片分を炒め、鶏もも肉200gを1.5cm角に切って加え、塩・こしょう各少々をする。ミニトマト1パック（100g）を4つ割りにして加え、軽くつぶれてきたら温かいごはん4カップを加えて炒める。塩・こしょう各少々で味をととのえ、バジル2本をちぎって加え、器の中央に盛る。同じフライパンにトマトケチャップ145gを入れて炒め、赤ワイン1/2カップを加えて煮詰める。とんかつソース大さじ2を加えて塩・こしょう各少々で味をととのえる。別の熱したフライパンにバター30gを溶かし、ほぐした卵6個を加えて半熟状のスクランブルエッグを作る。卵を片側に、ソースを反対側に添える。

変形プレート　24×26cm 高さ3.5cm／アールのついた楕円のプレートは、温かい雰囲気。

※器はすべて参考商品です。

3 桜えびのリゾットを立体的に盛りつける

桜えびのピンクと大葉の緑のコントラストがきれいな一皿。
平面的に見えるリゾットを大葉のフリットを立てることで、立体感を出して。

Free style

柄入りプレートに盛る

平面になりがちなリゾットは、大葉のフリットを立たせて立体的に

大葉のフリットをリゾットに立てて盛りつけると、意外性に驚かれるかも。全体のアクセントにもなります。カイエンヌペッパーで全体に表情を出して。

1. **リゾットはプレートの中央に余白を生かして盛る。**
2. **大葉のフリットをリゾットの上に刺して立てる。**
3. **周りにカイエンヌペッパーを散らす。**

◎盛りつけポイント

大葉のフリットは、真ん中に立たせる

リゾットは食べる直前に盛りつけ、大葉のフリットを立てて。立ててから時間が経つと、すぐに倒れるので注意。

Recipe

桜えびのリゾット、大葉のフリット添え

材料と作り方（4人分） フライパンにオリーブオイル小さじ2を熱し、玉ねぎのみじん切り1/2個分、にんにくのみじん切り1片分を炒め、香りが出たら生の桜えび200gを加えて炒める。続けて米1カップを加えて炒め、白ワイン大さじ2を加える。アルコールが飛んだら水をひたひたに加え、沸いてきたらざっと混ぜてコトコトと沸くぐらいの火加減で15分煮る。途中何度か湯を足して常にひたひたの状態を保ち、ときどき混ぜる。最後に塩・こしょう各少々で味をととのえ、バター20gとおろしたパルメザンチーズ30gを加えて混ぜる。大葉4枚は水溶きの小麦粉を裏側だけにつけて揚げ、軽く塩少々をふる。リゾットを皿に盛り、大葉のフリットを立てる。周りにカイエンヌペッパー適量を散らす。

単色　余白多め　山型

柄入りプレート　直径26cm 高さ3cm／葉の柄がナチュラルでエレガントな雰囲気に。柄が見えるように、余白を生かして盛りつけて。

1 グリーンピースのポタージュを盛りつける

鮮やかな緑がきれいなポタージュをいろいろな器に盛りつけて、
生クリーム使いでさまざまな表情をみせましょう。
ポタージュの液面をキャンバスとして考えるのもポイント。

スープ皿に盛る

ポタージュをキャンバスにして矢羽根模様を描く

お菓子などで描かれる矢羽根模様を、ポタージュに生クリームで描きます。白いスープ皿とポタージュ、生クリームのコントラストが美しい一品に。

1 **スープ皿にポタージュを注ぐ。**
2 **生クリームでスープの上にジグザグを描く。**
3 **竹串を使って縦に3本なぞる。**

◎盛りつけポイント

生クリームをら旋に描く
少しゆるめの7分立ての生クリームを絞り袋に入れて、ジグザグに細く描くのがポイント。

竹串で縦になぞれば、矢羽根模様に
生クリームが沈まないうちに竹串で縦3列に交互になぞり、矢羽根模様を入れて。

Recipe

グリーンピースのポタージュ

材料（4人分）
バター10g、にんにく（みじん切り）大1片分、玉ねぎ（みじん切り）1/2個分、グリーンピース（むき身）250g、ブイヨンスープ（無塩ストレートタイプ）2カップ、塩・こしょう・生クリーム各適量

作り方
1 バターを鍋に溶かし、にんにく、玉ねぎを炒める。香りが出たらスープを加え、煮立ってきたらグリーンピースを加えて火を通す。
2 ミキサーに移してピュレ状にし、塩、こしょうで味をととのえる。鍋で温めてスープ皿に盛り、7分立てにした生クリームを絞り袋に入れて絞り、竹串で矢羽根模様にする。

※器はすべて参考商品です。

スープ・汁物料理

グリーンピースのポタージュスープは、
温めても冷やして飲んでもおいしい。
温めてスープ皿やカフェオレボウルに、
冷やしてグラスに盛るなど変化をつけて。

単色 余白少なめ 平面

スープ皿（上） 直径22.5cm 高さ3.5cm （下） 直径26.5cm 高さ3cm／リムにしのぎが入ったベーシックなスープ皿と下皿。白は素材の色を引き立たせる。
カフェオレボウル 直径14cm 高さ8cm／ポタージュと同じ色のカフェオレボウルをパンの器に。

カフェオレボウルに盛る

生クリームとオリーブオイルでドットを描き、カフェ風に

カフェオレボウルにポタージュを注いで、生クリームとオリーブオイルを１滴ずつ点々に落とせば、おしゃれなカフェ風の印象に。バゲットのロングクルトンを縦にかけるのがスタイリッシュ。

1 カフェオレボウルにスープを注ぐ。
2 上から、生クリームとオリーブオイルを１滴ずつ模様になるようにたらす。
3 チャービルを飾り、ロングクルトンを縦にかける。

◎盛りつけポイント

オリーブオイルは生クリームと生クリームの間に落とす

先に生クリームを間隔をあけて落とし、その間にオリーブオイルを点々と落として2色のドットに。

Arrangement Recipe

グリーンピースのポタージュをカフェオレボウルに注ぎ、生クリーム・オリーブオイル各適量をトッピングする。チャービルを飾り、焼いたバゲットのロングクルトン１本を添える。
＊ロングクルトンの作り方
バゲット18cmを縦に4つ割りにしてトースターでさっと焼いて軽く焼き色がついたら、パルメザンチーズとパプリカパウダー各適量をふってチーズが少し溶ける程度にさらに焼く。

カフェオレボウル　直径13cm 高さ7cm／グリーンが映える白のシンプルなカフェオレボウル。

シャンパングラスに盛る

生クリームの層とチャービルで可憐なイメージに

冷やしてグラスに注ぎ、表面に静かに生クリームを流して。チャービルをグラスのふちに引っかけるようにして飾ると繊細で可憐なイメージに。

1. シャンパングラスにポタージュを6分目まで注ぐ。
2. 生クリームを上から注いで層にする。
3. 飾りにグラスのふちにチャービルをかける。

◎盛りつけポイント

冷やしたスープの上に生クリームを注ぐ

スープを冷たくしてから生クリームを注ぐと、沈むこともなく、きれいな層を保てます。

シャンパングラス　直径6cm 高さ25cm／フルート形の細長いシャンパングラス。繊細でシャープな印象に。

デミタスカップ　直径5.5cm 高さ6.5cm／ソーサー　直径12cm 高さ2cm／取っ手やソーサーのラインがグリーンなのがかわいい。

デミタスカップに盛る

クラッカーを蓋にして開けたときの楽しみを演出する

デミタスカップに温かいスープ、クルトン代わりにクラッカーを蓋にして、カリカリベーコンをスプーンにのせます。インパクトと楽しみを与えてくれる盛りつけです。

1. デミタスカップにポタージュスープを注ぐ。
2. スプーンにカリカリベーコンをのせて添える。
3. クラッカーに生クリームをのせて、蓋をする。

◎盛りつけポイント

クルトンの代わりにクラッカーを蓋にする

クラッカーの大きさに合うデミタスカップを使えば蓋に。蓋を開けたときの楽しみを演出して。

Arrangement Recipe

デミタスカップに温かいポタージュを注ぎ、ホイップした生クリーム適量を上にのせたクラッカーを蓋にしてカップにのせる。小角切りにしてカリカリに焼いたベーコン小さじ1はスプーンにのせて添える。

2 ごま豆腐と鯛のすまし仕立てを料亭風に盛りつける

大きめの椀ものは、蓋を開けたときのインパクトを計算して盛りつけるのがポイント。真ん中にごま豆腐と鯛をのせて存在感をアピールして。

Free style

大椀に盛る

ごま豆腐を台にして、鯛をのせて高さを出す

大きめの椀には、真ん中にごま豆腐を盛り、焼いた鯛をのせることで高さを出し、フォーマル感を出します。ほうれん草とにんじんの細切りでスタイリッシュな印象に。

1 椀に蒸し上げたごま豆腐を盛り、焼いた鯛を上にのせる。
2 にんじんとほうれん草を吸い地で温めて、斜めにかける。
3 吸い地を張り、柚子の皮をのせる。

◎盛りつけポイント

ほうれん草とにんじん、柚子で彩りを添える

にんじんとほうれん草は、お互いに印象を引き立たせる組み合わせ。柚子の黄色でさらに鮮やかに。

Recipe

ごま豆腐と鯛のすまし仕立て

材料と作り方（4人分）　にんじん適量は8～10cm長さのひも状に4本切り、塩ゆでして水にとり、水けをきる。ほうれん草の茎4本はにんじんの長さに合わせて切り、塩ゆでして水にとり、水けをきる。鯛（皮付き上身）200gは4つに切り分けて塩をふり、10分おく。ペーパータオルなどで水けをふいてよく熱したグリルで焼く。ごま豆腐（くず粉のみのもの）4個は蒸気の上がった蒸し器で温める。だし汁3カップを温め、塩小さじ1/2と薄口しょうゆ少々で味をととのえる。蒸し上がったごま豆腐を椀に盛り、焼いた鯛をのせ、にんじん、ほうれん草を吸い地で温めて斜めにかける。吸い地を張り、柚子の皮適量をのせる。

大椀　直径14cm 高さ9cm（蓋を含む高さ12.5cm）／蓋付きの大椀は、椀ものにちょうどよいサイズ。1人分の炊き合わせやごはんものなどの器としてもおすすめ。

多色　余白多め　山型

※器はすべて参考商品です。

3 蒸しスープの透明感を強調して盛りつける

意外性のある器で料理をお出しすると、大きなインパクトを与えます。
ガラスの耐熱容器と蓋の組み合わせで料理の楽しさを演出しましょう。

Free style

耐熱ガラスの器に盛る

澄んだスープが透けて見える楽しさを演出する

蒸しスープは竹筒で出てくることが多いメニューですが、澄んだスープをあえてガラスの耐熱容器で見せて楽しい印象に。

1 とろとろの肉生地を耐熱ガラスの器に注いで蒸す。
2 蒸し上がったら、取り出してぬり皿にのせて蓋をする。

◎盛りつけポイント

蒸し上がってから蓋をする

耐熱ガラスの器に蓋をするのが新鮮。目新しさと同時に、蓋を開けるときの楽しさも与えて。

Recipe

中華風蒸しスープ

材料と作り方（4人分）　干ししいたけ1枚はひたひたの水とともに密閉袋に入れて空気を抜き、冷蔵庫で一晩おいて戻す。軸を除きみじん切りにする。干しえび10gはひたひたの水に浸して戻し、みじん切りにする。両方の戻し汁はこして合わせ、水を加えて2カップにする。鶏ひき肉150gをよく練り混ぜ、粘りが出たら酒大さじ1、砂糖小さじ1/2、塩小さじ1/4、しょうゆ小さじ1、こしょう適量を順に加えながら混ぜる。しょうがのみじん切り1片分、長ねぎのみじん切り5cm分、干ししいたけ、干しえび、戻し汁を加えてよく混ぜる。とろとろの生地になったら耐熱容器に等分に注ぎ分ける。よく蒸気の上がった蒸し器に入れ、強火で20分蒸す。生地が固まって浮いてきて、周りに透明なスープができたら取り出して、下皿にのせ蓋をする。

耐熱ガラスの器　直径6cm 高さ9cm／天然素材の蓋　直径7cm 高さ2cm／耐熱容器と蓋は別売りのもの。スープに使うと斬新な印象に。
ぬり皿　直径13cm 高さ1cm／黒のぬり皿を下皿に。グッと特別感が出る。

1 ごちそうおむすびを盛りつける

ゴージャスな具のおむすび3種を形や大きさを変えて、
器違いで盛りつけてみましょう。
形が自由に変えられるから、シーンに合わせた楽しい盛りつけを。

竹ザルに盛る

大きく握ったおむすびを三段重ねにして高さとボリューム感を出す

大きいおむすびを平らににぎり、3段重ねにしてお供え餅風に。高さとボリューム感を出して、お祝いなどの席に楽しい盛りつけを。

1 **竹ザルに笹の葉を敷く。**
2 **上に穴子と実山椒のおむすびを置き、小鯛と甘酢漬けしょうがのおむすびを重ねる。**
3 **黄身そぼろとえびのおむすびを一番上に重ねる。**

◎盛りつけポイント

笹を敷いて彩りをきれいに
竹ザルの上に笹を敷いて、鮮やかな緑を差し込んで。黄身そぼろおむすびの黄色が鮮やかに映えます。

お供えのように3段に重ねる
3種類のおむすびを大きめに握って平らにつぶして、3段に重ねて。一番上には印象的な黄身そぼろのおむすびを。

Recipe

ごちそうおむすび

材料（米3合分）
米3合、焼き穴子（あられ切り）2尾分、実山椒佃煮10g、ゆで卵の黄身5個、車えび5尾、小鯛笹漬け約90g、甘酢漬けしょうが20g、塩・酢各適量

作り方
1 米は通常通り炊き、3等分にする。
2 ゆで卵の黄身はほぐして塩を少々加える。えびは頭と背わたを除いて塩と酢を加えた湯でゆで、水にとって冷めたら殻をむき、5mm幅の薄切りにする。
3 小鯛笹漬けは5mm角程度に刻み、甘酢漬けしょうがはみじん切りにする。
4 *1*の1/3量に穴子と実山椒を混ぜる。1/3量に*2*を、残り1/3量に*3*を混ぜる。平らな円形にむすび、重ねて盛る。

※器はすべて参考商品です。

スナック・軽食

ごはんに混ぜ合わせた具材がごちそう。
それを大きく握って重ねると、お供え餅のような印象に。
おむすびとは思えない、 強いインパクトを与えて。

多色　余白多め　山型

竹ザル　21×21cm 高さ1cm／正方形の竹ザルは軽やかで、明るい雰囲気。はらんや笹、揚げ物には天紙を敷いて器として使って。

木箱に盛る

四角いおむすびにして重箱風に市松に詰める

穴子と実山椒、黄身そぼろとえびのおむすびを四角くむすび、浅めの箱にぴったりと合わせて市松模様になるように詰める。2色のおむすびで詰めるから、シックな雰囲気に。

1. 穴子と実山椒のおむすび、黄身そぼろとえびのおむすびを四角くむすぶ。
2. 浅めの箱にぴったりと合わせて市松模様になるように、交互に並べる。

◎盛りつけポイント

きっちりすき間なく詰める

木箱などのように、箱におむすびを詰めるときはきっちり詰めるのがスタイリッシュ。

木箱　16×24cm 高さ4cm／浅めの木箱におむすびを詰めれば、上品な印象に。

変形長皿に盛る

三角おむすびをジグザグに盛って楽しい印象を与える

定番の三角おむすびも、並べ方で楽しい印象に。互い違いになるように、2色のおむすびを並べて直線を作ります。横に広げれば、大人数の盛りつけにもなって素敵。

1 穴子と実山椒のおむすび、黄身そぼろとえびのおむすびを三角形にむすぶ。
2 変形長皿に互い違いになるように寝かせて盛りつける。

◎盛りつけポイント

互い違いに盛りつける

三角の形を組み合わせるように互い違いに並べながら縦に直線を作るのがポイント。

変形長皿（白） 10cm×34cm 高さ3cm／存在感のある脚がついた変形の長皿は、おむすびに表情を与えます。

染付の和皿に盛る

俵形のおむすびにのりを巻いて立てて盛りつける

俵形のおむすびにのりを巻いて立てることで、いつもと違う印象を与えます。立てて盛りつけることですっきりとした上品な盛りつけに。

1 3種のおむすびを俵形にむすぶ。
2 のりをそれぞれに巻く。
3 皿に立てて盛る。

◎盛りつけポイント

皿の真ん中に立てて盛りつける

なるべく長めの俵形を作り、のりを巻いて長さを強調して。皿の真ん中に寄せて立たせて存在感を出して。

染付の和皿 直径21cm 高さ2cm／染付のような表情のある和皿には、余白を生かして柄を見せながら盛りつけるのがコツ。

2 ベーグルをカフェ風に盛りつける

ベーグルのサンドイッチも、
まるでカフェで見かける素敵なプレート風に盛りつけましょう。
最初から挟むのではなく、別々に盛りつけるスタイルで。

多色　余白少なめ　山型

Free style

プレートに盛る

具を自由にのせて食べられるようなカフェ風の盛りつけに

カフェ風の盛りつけのポイントは、サンドする具材とベーグルを別々に盛ること。好きなだけ具材をのせて、ナイフ＆フォークで食べるおしゃれなスタイルで。

1. ココットに玉ねぎときゅうりを盛る。
2. 皿にココット、クリームチーズをぬったベーグルをのせる。
3. スモークサーモンを盛り、ディルを飾る。

◎盛りつけポイント

プレートにココットを重ねて高さを出す

ココットには、玉ねぎときゅうりのフレッシュ野菜を盛りつけて。具としても、サラダとしても楽しめる。

Recipe

カフェ風サーモンベーグル

材料と作り方（4人分）　玉ねぎ（薄切り）1個分は水にさらして水けを絞る。きゅうり1本は縦半分に切って斜めに薄切りにし、玉ねぎと合わせてココットに盛る。クリームチーズ70～80gにこしょう適量を混ぜる。ベーグル4個は横半分に切り、クリームチーズをぬる。皿にココットをのせ、ベーグル、スモークサーモン12枚を盛ってディル適量を添える。

プレート　直径 26cm 高さ 3cm ／少し大きめのプレート。ニューヨークのカフェを意識して色使いをかわいく。
ココット（オレンジ）直径 9cm 高さ 6cm ／サーモンのオレンジに合わせた色をセレクト。食材の色と同じ色の器を組み合わせ、色を統一するのもスタイリッシュに見せるコツ。

※器はすべて参考商品です。

3 餃子にインパクトを出して盛りつける

餃子といえば、定番の2列に並んだ盛りつけが思い浮かびますが、
特大羽根を作って、そのままでインパクトを与える料理に。
シンプルなプレートにそのまま盛りつけて。

Free style

プレートに盛る

特大羽根を作り、そのまま盛りつけ驚きを与える

餃子を離して焼き、その間に羽根用の生地を全体に流して焼くことで、特大羽根の完成。この特大羽根のまま盛りつければ、インパクトを強烈に与えてくれます。

1 特大羽根餃子を裏返して皿に盛る。
2 ソースを両側に添える。

◎盛りつけポイント

周りにソースを添えて、インパクトを与えて

プレーンなプレートに盛りつけたら、余白に練り辛子と酢じょうゆを混ぜ合わせたソースを添えて。

Recipe

特大羽根餃子

材料と作り方（約5人分） 餃子のあんを作る。白菜200gはラップに包んで電子レンジで3分加熱し、火が通ったら粗熱をとってみじん切りにし、汁ごと冷ます。豚ひき肉160gに塩小さじ1/4を加えてよく練り、こしょう適量、砂糖ひとつまみ、しょうゆ小さじ2を順に加えてよく混ぜる。にら（みじん切り）・長ねぎ（みじん切り）各40g、しょうが（みじん切り）10gを加え、白菜を汁ごと加えてよく混ぜる。片栗粉大さじ1/2を加えて混ぜ、餃子の皮（大判）20枚で包む。ごま油適量をフライパンに熱し、餃子4つを間隔をあけて並べ、弱火にして熱湯を深さ1cm程度注ぎ、蓋をして中火で火を通す。皮の上部まで透き通って汁がなくなったら、羽根用の生地（片栗粉小さじ1、小麦粉大さじ1と2/3、水40mlを混ぜる）を周りから薄く広がるくらい注ぐ。さらに外側からごま油を回し入れ、羽根の部分がパリパリに色づくまで強火で焼く。裏返して皿に盛り、練りがらし大さじ2と1/2に酢・しょうゆ各大さじ1と1/2を加えたソースを周りに添える。

プレート　直径25cm 高さ2cm／特大羽根がのるぐらいのプレートを用意して。フライパンの径よりも2周りぐらい大きいサイズを選んで。
ランチョンマット　直径33cm 高さ0.3cm／渋めの色のランチョンマットは、白い印象の料理をグッと引き締めてくれる。

単色　余白少なめ　平面

1 ブランマンジェを盛りつける

ひんやりデザートの王道、ブランマンジェをプース・カフェをイメージした
虹を描いたようなデザートに。
色別にプレートに盛りつけるのも素敵な演出です。

グラスに盛る

やわらかめのブランマンジェをグラスに入れて層にする

1人分のスタンダードなプース・カフェ風ブランマンジェ。グラスで固める場合は、やわらかめのブランマンジェで。小さめグラスに色とりどりの層を美しく見せて。

1 **ぶどうのブランマンジェ、ミントのブランマンジェ、オレンジゼリー、ココナッツブランマンジェ、いちごのブランマンジェを順にグラスに注いで冷やし固める。**
2 **上にホイップした生クリームをのせる。**
3 **薄切りにしたいちごを立ててのせ、ミントの葉を飾る。**

◎盛りつけポイント

仕上げに生クリームをのせる
いちごのブランマンジェを冷やし固めたら、一番上にトッピングを。生クリームをのせて、フルーツを盛る土台に。

季節のフルーツを飾ってパフェ風
薄くスライスしたいちごなどのフルーツを立てて飾り、ミントの葉を添えれば、パフェ風に。

Recipe

プース・カフェ風ブランマンジェ

材料と作り方（約6人分）

1 ゼラチン1.8gは冷水でふやかす。ぶどうジュース（ストレートタイプ）80mlを温め、グラニュー糖15gを加えて溶かし、さらにゼラチンを加えて溶かす。氷水にあててとろみがつくくらいまで冷やし、5分立てにした生クリーム75mlを加えて混ぜる。グラスに流し入れ、冷蔵庫で冷やし固める。
2 ミントのブランマンジェ用のゼラチン1.8gを冷水でふやかす。牛乳75mlを温めてグラニュー糖18gを加えて溶かし、さらにゼラチンを加えて溶かす。ミントリキュール大さじ1を加えて氷水にあててとろみがつくくらいまで冷やし、5分立てにした生クリーム75mlを加えて混ぜる。1が固まったグラスに流し入れ、冷蔵庫で冷やし固める。
3 オレンジゼリー用のゼラチン2.5gを冷水でふやかす。オレンジジュース（ストレートタイプ）80mlを温めてグラニュー糖25gを加えて溶かし、刻んだオレンジの実と果汁1/2個分を加え、ゼラチンを加えて溶かす。氷水にあててとろみがつくくらいまで冷やし、2が固まったグラスに流し入れ、冷蔵庫で冷やし固める。
4 ココナッツブランマンジェ用のゼラチン1.8gを冷水でふやかす。ココナッツミルク100mlを温めてグラニュー糖30gを加えて溶かし、さらにゼラチンを加えて溶かす。氷水にあててとろみがつくくらいまで冷やし、5分立てにした生クリーム50mlを加えて混ぜる。3が固まったグラスに流し入れ、冷蔵庫で冷やし固める。
5 いちごのブランマンジェ用のゼラチン1.8gを冷水でふやかす。鍋にいちご80gを4〜6つ割りにしてグラニュー糖30gとともに熱し、ジャム状にする。いちごシロップ大さじ1/4とゼラチンを加えて溶かす。氷水にあててとろみがつくくらいまで冷やし、5分立てにした生クリーム75mlを加えて混ぜる。4が固まったグラスに流し入れ、冷蔵庫で冷やし固める。
6 7分立てにした生クリーム適量をトッピングし、3mm厚さに切ったいちごとミントの葉各適量を飾る。

※器はすべて参考商品です。

冷たいお菓子

**プース・カフェは、
色の異なるリキュールを
重ねた虹のような
カクテルのスタイルのひとつ。
色が違うブランマンジェやゼリーが
混ざり合わないように層を作って
冷やし固めます。
横から見える層の
美しさを見せましょう。**

多色　余白少なめ　山型

グラス　直径7cm 高さ14cm／ステム（脚）が短めのグラス。グラス部分が大きいので、横から見る美しさを意識して。
プレート（白）　直径22cm 高さ2cm／リムつきの白いプレーンなプレートを下皿に。柄の長いスプーンを添えて。

アイスペールに盛る

多色　余白少なめ　平面

斜めの層を作って かわいく見せる。 大勢ですくって 食べる楽しい盛りつけ

斜めに倒して固めたからこそ、生まれた美しいライン。おもてなしの最後のデザートに出されたら、歓声が上がりそう。アイスペールを器に使った意外性も楽しい。

1. 斜めに倒して置いたアイスペールに、ブランマンジェを順に流して冷やし固める。
2. 最後の層を冷やし固めたら、表面にミントの葉を飾る。

◎盛りつけポイント

表面にはミントの葉を飾る

アイスペールのブランマンジェは表面の面積が大きいので、ミントの葉を全体に散らしてかわいらしく。

Arrangement Recipe

アイスペールを氷水を張ったバットなどに斜めに倒して置き、ブランマンジェを流し入れて冷やし固める。1層流すごとに徐々に角度を浅くして最後は平らにして冷やし固める。ミントの葉を飾る。

アイスペール　直径13cm 高さ11cm／氷を入れる器を冷やして固めるデザートの容器として使って。

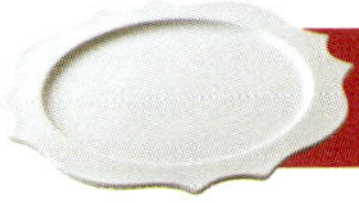

変形プレートに盛る

5色をスプーンで バラバラに盛りつける

バラバラに盛りつけるときは、ゼラチンの量を少し増やして固めに仕上げます。別々の容器で冷やし固め、スプーンですくって一皿に盛り合わせて。

1 ブランマンジェとゼリーをスプーンで楕円形にすくい取り、皿に盛る。
2 生クリーム、フルーツソースを飾り、ミントの葉を添える。

◎盛りつけポイント

余白にはソースで飾りつける

スプーンですくってプレートに並んだ姿がかわいらしい。余白にソースで模様を描いて、さらに鮮やかに。

Arrangement Recipe

それぞれのゼラチンを多め（1.8gのものは2.5g、2.5gのものは3g）にして別々の容器で固め、スプーンで楕円形にすくいとって冷やした皿に盛る。生クリーム、市販のフルーツソースで飾りつけ、ミントの葉を添える。

多色　余白多め　平面

変形プレート　直径27.5cm 高さ1cm／リムの形がエレガントなプレート。余白を生かしながら、レストラン風の盛りつけに。

鉢に盛る

角切りを混ぜ盛りにして スタイリッシュな印象に

鉢　15×20cm 高さ5cm／シルバーの鉢はスタイリッシュな印象。冷たいデザートに色がよく合う器。

多色　余白多め　山型

角切りにするブランマンジェも少し固めに作ります。色を混ぜてシルバーの鉢に盛りつければ、グッとスタイリッシュな印象に。ミントの葉で印象を引き締めて。

1 別々に冷やし固めたブランマンジェとゼリーは、2cmほどの角切りにする。
2 冷やした鉢に混ぜ盛りにする。
3 ミントの葉を飾る。

◎盛りつけポイント

スプーンですくってくずれないように盛る

角切りにしたブランマンジェとゼリーは大きめのスプーンですくって、くずさないように盛りつけて。

Arrangement Recipe

それぞれのゼラチンを多め（1.8gのものは2.5g、2.5gのものは3g）にして別々の容器で固め、角切りにする。冷やした鉢に混ぜ盛りにし、ミントの葉を飾る。

2 マカロンをアイスとともに盛りつける

鮮やかなマカロンとカップアイスを一緒にプレートに盛りつける、
カラフルでにぎやかな演出を。
マカロンをイメージした柄のプレートでさらに楽しい雰囲気に。

多色　余白多め　山型

Free style

プレートに盛る

マカロンを
アイスクリームにくっつけて
遊び心満点の盛りつけに

カップアイスを抜いて皿に盛り、カラフルなマカロンを貼り付けてかわいらしい印象に。プレートの淡いトーンのドットで、マカロンをより引き立てています。

1 カップからバニラアイスクリームを抜いて皿の奥側に盛る。
2 マカロンを上と側面に貼り付け、ミントの葉を飾る。
3 皿の余白にフルーツソースとミントの葉を飾る。

◎盛りつけポイント

マカロンの色の選び方で変化をつける

この盛りつけは、マカロンの色の選び方によって表情が変わります。淡いトーンならやさしい雰囲気に。

Recipe

マカロンアイス

材料と作り方(4人分) 小さめカップアイス（バニラ）4カップをカップから抜いて皿に盛り、マカロン12個を貼り付け、ミントの葉を飾る。皿の余白に市販のフルーツソース・ミントの葉各適量を飾る。

プレート　直径27cm 高さ3cm／マカロンの形と色を意識した水玉柄のプレート。実際のマカロンよりは淡いトーンを選ぶのがコツ。

※器はすべて参考商品です。

3 大葉のゼリーをグラスに盛りつける

ステム（脚）が長いワイングラスで作るデザートは、
フォルムの美しさと食べたときの驚きがポイントです。
ふるふるのやわらかいゼリーの食感を楽しんで。

Free style

ワイングラスに盛る

ふるふるのやわらかいゼリーと冷たいグラニテの透明感を生かす

ゼリーの透明感を生かすなら、ワイングラスに入れて冷やし固めて。同じ風味の冷たいグラニテの食感がさらにおもてなし感を演出します。すいかの赤がポイントに。

1 冷やし固めた大葉ゼリーに、グラニテをのせる。
2 すいかのあられ切りをトッピングする。

◎盛りつけポイント

グラニテをのせるのは、食べる直前に

グラニテはすぐに溶けてしまいます。ゼリーもゆるいので食べる直前までしっかり冷やしておきましょう。

Recipe

大葉ゼリー、グラニテ添え

材料と作り方（約4人分）　ゼラチン5gを冷水でふやかす。鍋に白ワイン・水各1カップを煮立て、グラニュー糖100gを溶かす。大葉10枚を加えて2～3分煮出し、大葉を取り出してみじん切りにする。煮汁にゼラチンを加えて溶かし、氷水にあてて冷やす。とろみがついてきたら60mlを取り分けてワイングラスに流し、冷蔵庫で冷やし固める。取り分けたゼリー液に、刻んだ大葉を加えて混ぜ、冷凍庫で冷やし固める。1～2時間たったらフォークなどでかき混ぜてグラニテにする。固まったゼリーにグラニテをのせ、すいかのあられ切り適量を飾る。

ワイングラス　直径7cm 高さ15cm／ラインがやわらかなワイングラスにゼリーを固めれば、高級感あふれる一品に。

多色　余白少なめ　平面

1 ホワイトケーキを盛りつける

レアチーズケーキや生クリームをぬった白いケーキは、飾り物やソースで
自由自在に表情を変えられます。皿にのせる向きによっても印象が変わるので、
イメージを固めながら盛りつけましょう。

プレートに盛る

チョコレートソース使いで背景をデコラティブに

チョコレートソースを器の中心に丸く敷き、線を引いて太陽のようなイメージに。放射状に出る線と金箔がゴージャスな印象を与え、とがった方を手前に盛れば洗練された印象に。

1. 市販のチョコレートソースをプレートの真ん中に丸く敷く。
2. 生クリームをぬったケーキをとがった方を手前にして盛る。
3. 竹串でソースを放射状に引いて模様を描き、チャービルと金箔を飾る。

◎盛りつけポイント

竹串を使ってソースで線を描く

チョコレートソースは、竹串で太陽をイメージしながら、放射状に外側に向かって線を引きます。

Recipe

ホワイトケーキ

材料と作り方（4人分） 生クリーム1/2カップはグラニュー糖7.5gを加えて7分立てにし、白いケーキ（レアチーズなど）4切れの表面に薄くぬる。市販のチョコレートソース適量を真ん中に丸く敷き、生クリームをぬったケーキをとがったほうを手前にして飾る。竹串でソースを放射状に引いて模様を描く。チャービル・金箔各適量を飾る。

プレート（大） 直径27cm 高さ2cm／チョコレートソースで模様を描くときは、大きめのプレートを選んで。ふちの色もチョコレートを意識すると統一感が生まれる。

単色　余白多め　山型

※器はすべて参考商品です。

変形プレートに盛る

たくさんのベリーを上にトッピング。余白にはソースで彩りを加える

白いケーキに赤と紫のベリーをたくさん並べて。ミントの葉をポイントにおき、余白にはソースを敷いてカフェ風スイーツに。横向きに盛るとかわいらしい印象に。

1 白いケーキの上にとがった方から円周に沿わせてラズベリーとブルーベリーを一列ずつすきまなく並べる。
2 とがった先の方にミントの葉をアクセントに盛る。
3 皿に横向きに盛り、ソースを余白にたらす。

◎盛りつけポイント

フルーツは箸でひとつずつていねいに置く

ケーキの円周に沿ってベリー類を置くときは、盛りつけ箸のような先の細めのものがおすすめ。

Arrangement Recipe

ラズベリーとブルーベリー各1パック（各80g）から、合わせて20gを耐熱容器に入れ、グラニュー糖4gをふってラップをして電子レンジに20秒かけ、ソースを作って冷ます。残りのラズベリーとブルーベリーを一列ずつ円周に沿って並べ、ミントの葉を飾る。皿に横向きに盛り、ソースをたらす。

変形プレート　直径27cm 高さ3cm／白い変形プレートは、スタイリッシュな印象を与えます。プレートのふちのデザインとソースのラインのバランスを見て。

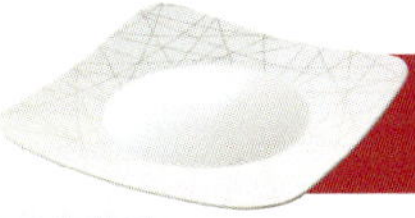

スクエアプレートに盛る

サクサククッキーをトッピングして高さを出し、インパクトを与える

ケーキの上から割ったクッキーを刺して高さを出し、キャラメルソースとナッツ使いもデザインっぽさを意識して。円周側を手前にすることで、さらにクッキーが引き立ちます。

1 白いケーキにクッキーを割って刺し、円周側を手前にしてプレートに盛る。
2 キャラメルソースをケーキを横断するようにかける。
3 刻んだナッツとミントの葉を全体に散らす。

スクエアプレート　27×27cm 高さ2cm／アールの丸いスクエアプレート。中が丸いから、やさしい表情に。

◎盛りつけポイント

クッキーを割ってまっすぐに刺す

クッキーは薄めのものがおすすめ。サクサクに割ったクッキーは高さが出るように立てて刺します。

Arrangement Recipe

生クリームをぬったケーキに、薄くサクサクしたクッキー適量をランダムに割って刺す。円周側を手前にして盛り、グラニュー糖50gを焦がしてキャラメルを作り、生クリーム30mlでのばしたソースに塩を少量加えてケーキを横断するようにかけ、周りに刻んだナッツとミントの葉各適量を散らす。

2 チュイールでミルフィーユ風に盛りつける

瓦のような形が特徴的なチュイールとカスタードクリームがあれば、
簡単に組み立ててミルフィーユの完成です。
急な来客にもおすすめのデザートです。

多色　余白多め　山型

Free style

スクエアプレートに盛る

カスタードクリームとチュイールを重ねてミルフィーユ風に

サクサクのチュイールがあれば、カスタードクリームといちごを重ねて、お手軽デザートの完成です。くずれやすいので、バランスを見ながら組み立てましょう。

1 プレートの中央にカスタードクリームをのせる。
2 上にチュイールをのせてカスタードクリームをのせ、いちごをのせる。
3 さらにチュイールをかぶせ、カスタードクリーム、いちごを重ねていき、一番上にミントの葉を添える。

◎盛りつけポイント

クリーム、チュイールを交互に重ねる

一番下はカスタードクリームをのせ、カールを上向きにして置いたものを土台にして、クリーム、いちごを重ねていくのが成功のコツ。

Recipe

チュイールミルフィーユ

材料と作り方（4人分）　カスタードクリームを作る。ボウルに卵黄2個分とグラニュー糖40gを加えて白っぽくなるまで混ぜ、さらに小麦粉15gを加えて混ぜる。鍋に牛乳1カップとバニラビーンズ5cmを入れて温め、沸騰直前に卵黄のボウルに加えてのばし、鍋に戻して混ぜながら火を通す。ふつふつと煮立ってきたら約5分混ぜながら煮て火からおろし、バター10gを加えて溶かし、バットなどに流す。ラップをぴったり貼り付けて常温で冷ます。使うときに混ぜてやわらかく戻し、チュイールとヘタを取って縦4つ割りにしたいちご各適量を重ねて盛る。ミントの葉を飾る。

スクエアプレート　21.5×21.5cm 高さ1cm／白のシンプルなスクエアプレートは洗練されたイメージ。真ん中に盛りつけ、余白を生かしてエレガントな印象に。

※器はすべて参考商品です。

3 メレンゲとクリームを盛りつけて即興モンブラン

お店のモンブランは、テクニックと時間が必要ですが、メレンゲとマロンクリーム、生クリームなどのパーツさえ作っておけば、重ねるだけで簡単です。

Free style

プレートに盛る

濃いめのつやのあるプレートに盛れば高級サロンのデザート風に

マロンクリーム、生クリーム、栗の甘露煮、焼いた円形のメレンゲを組み合わせて重ねていき、チョコ棒を立てて立体感を出して。濃いめのつやのある器に盛ると素敵に見えます。

1. 円形のメレンゲを皿の中央に置く。
2. マロンクリーム、生クリーム、栗の甘露煮、丸形のメレンゲを適宜組み合わせて重ねていく。
3. 最後に栗の甘露煮を天盛りにし、2種類のチョコ棒をクロスさせて立てる。

◎盛りつけポイント

パーツを作っておけば、あとは重ねるだけ!

あらかじめ、メレンゲを焼いておき、マロンクリーム、生クリームを用意しておくだけでOK！

Recipe

即興モンブラン

材料と作り方（4人分） 卵白3個分に粉砂糖70gを加えてしっかりしたメレンゲを作り、アーモンドプードル70gを加えて混ぜる。絞り袋に入れて直径5～6cmの円形4枚と一口大の丸形8個ほどに絞る。130℃に予熱したオーブンで約1時間焼く。マロンペースト170gに生クリーム大さじ2、サワークリーム20g、ラム酒小さじ1弱を加えて混ぜる。生クリーム1/2カップを好みの甘さで8分立てにする。円形のメレンゲを皿に置いてマロンクリーム、生クリーム、栗の甘露煮、丸形のメレンゲを適宜組み合わせて重ね、チョコ棒を飾る。

プレート（大） 直径29cm 高さ2.5cm／ぽってりと厚みがあり、つやがある焦げ茶プレート。大人のモダンな雰囲気に。

1 カステラを盛りつける

カステラは定番のおやつ。残ってしまったときに、形を変えたり、調理することで、
カステラとは気づかないほどの立派なデザートに変身します。

菓子皿に盛る

カステラとブルーチーズの意外な組み合わせ。栗かのこ風のロックケーキでおもてなしに

コロコロに切って、ブルーチーズのソースをつけながら、まったく違う形に。ブルーチーズの塩けと大人の香りが甘みの強いカステラによく合います。

1. 角切りにしたカステラにブルーチーズソースをつけながら、重ねる。
2. 丸く形づくったら、ミントの葉を飾る。

◎盛りつけポイント

ブルーチーズソースにくっつけて形づくる

ブルーチーズソースをコロコロカステラのひとつの面につけて、どんどん重ねて形づくって。

Recipe

カステラとブルーチーズのロックケーキ

材料と作り方（4人分）　カステラ4〜6切れは1cm角に切る。ブルーチーズ30gは室温でやわらかく戻して練り混ぜ、生クリーム大さじ2強、グラニュー糖大さじ1を加えて混ぜ、カステラにつけながら重ねて丸く形づくる。ミント適量を飾る。

菓子皿　12×14cm 高さ1cm／グレーの焼き〆の菓子皿はモダンな雰囲気。カステラのような素朴なお菓子をおしゃれに盛りつけて。

※器はすべて参考商品です。

リム広プレートに盛る

バターでソテーして、キャラメルバナナの温かいデザートに

カステラをバターでソテーして香ばしい香りをつけて。温かいキャラメルバナナを重ねて、大人のデザートに。

1 ソテーしたカステラを皿の中央に置く。
2 上にソース→キャラメルバナナ→ソースをかける。
3 もう1枚のソテーしたカステラをのせ、ソースをかけキャラメルバナナをのせ、チャービルを飾る。

◎盛りつけポイント

カステラとキャラメルバナナを2段重ねに

バターでソテーしたカステラにソースをかけ、キャラメルバナナをのせ、ソースをかけて2段重ねに。

Arrangement Recipe　**焼きカステラのキャラメルバナナ添え**

グラニュー糖20gを焦がしてキャラメルにして湯20mlで溶かし、グラニュー糖大さじ1を加えて冷まし、生クリーム50mlを加えてソースを作る。グラニュー糖50gを焦がしてキャラメルになったところに、斜めに1cm厚さに切ったバナナ2本を加えてからめる。カステラは8切れをバター40gで中火で焼く。カステラの上にソースをかけてバナナをのせ、ソースをかけるをくり返して2段重ね、チャービルを飾る。

単色　余白多め　山型

リム広プレート　直径26cm 高さ2.5cm／リムのドットのくぼみが清楚な印象の洋風プレート。

ガラスプレートに盛る

サバラン風チョコの衣を着た冷たいデザートに

カステラにチョコレートと生クリームを溶かしたものを吸わせて、半冷凍させて冷たいデザートに。オレンジの実とマーマレードを添えて、さっぱり風味に。

1 サバラン風カステラを、ガラスプレートの中央に置く。
2 オレンジの実を*1*の上に並べ、金箔を散らし、チャービルを飾る。
3 器の余白にマーマレードを流す。

ガラスプレート（上）　磁器プレート（下）　ともに直径28cm 高さ2cm／ガラスプレートに磁器プレートを重ねると、見た目のゴージャス感を出すことができる。

単色　余白多め　平面

◎盛りつけポイント

チョコにはオレンジ色が引き立つ

チョコレートのような濃い茶色には、オレンジのような明るい色を添えると、全体が引き立ちます。

Arrangement Recipe　**カステラガナッシュのセミフレッド**

生クリーム1/2カップを温めてダークチョコレート50gを加えて溶かし、小さめのバットに入れる。大きめのバットに湯を張って火にかけ、その上に小さめバットを浮かせて、そこにカステラ4切れを浸し、途中裏返してチョコレートをしみこませる。別のバットにラップを敷いてカステラを並べ、1時間ほど冷凍庫に入れて半冷凍にする。器に盛り、房からキレイにはずしたオレンジの実・金箔・チャービル各適量を飾る。

2 竹筒入り水ようかんをゴージャスに盛りつける

青竹の色鮮やかな水ようかんはそのままでも素敵だけど、
器と盛り方のアイデアでよりゴージャスに印象づけましょう。
氷水を入れた大きい鉢に盛りつけます。

Free style

大鉢に盛る

大きい鉢に氷水ともみじで豪華な印象に

大鉢に大きめの氷を入れて、竹筒入り水ようかんを差し込み、水を張ります。見た目もゴージャスですが、何よりいつまでも冷たいままお出しできるのが最大の魅力。

1 鉢に氷を入れる。
2 竹筒入り水ようかんを氷と氷の間に差し込むように入れ、水を張る。
3 もみじの葉を飾る。

◎盛りつけポイント

氷と氷の間に差し込むように、竹筒入り水ようかんを盛る

氷は大きめのものをごろごろ入れて、その間に竹筒入り水ようかんを差し込むように盛ります。

大鉢　23×25cm 高さ8cm／ゴツゴツとした風合いのある大鉢は、氷水を入れて竹筒ようかんを盛るほかに、ワインクーラーとしても使える。

3 薯《じょう》蕷《よ》饅頭を温かく盛る

薯蕷饅頭は、大和芋や山芋、つくね芋などの薯蕷芋を
饅頭の皮に用いた蒸し菓子のこと。
温かい蒸したてをいただくイメージで蒸籠で蒸してお出ししましょう。

Free style

蒸《せい》籠《ろ》に盛る

蒸籠に入れて 蒸したてをお出しすれば、 おもてなし感が出る

市販の薯蕷饅頭をそのまま蒸籠に入れて蒸すだけなのに、見た目も素敵な印象に。蒸したての温かさが伝わることが、一番のおもてなし感につながります。

1 薯蕷饅頭を蒸籠に並べ入れる。
2 鍋に湯を沸かして蒸籠をのせて温め、蓋をしたまま敷き皿にのせる。

◎盛りつけポイント

蒸籠の大きさに合わせて すき間をあけて並べる

取り出しやすいように、少しすき間をあけて並べましょう。下にオーブンシートを敷いて蒸しても。

蒸籠　直径15cm 高さ7cm（蓋含む高さ8.5cm）／ちょうど饅頭が３つほど入る大きさ。蓋をしたままお出しするのが、おもてなし感をアップさせる。
角皿　19×19cm 高さ2.5cm／ぽってりとした和風の角皿を敷き皿にして、温かい印象に。

単色　余白多め　平面

料理別盛りつけの手順

定番の料理には、それぞれ盛り方のルールがあります。手順を追うと盛りつけのコツが自然に身につくことでしょう。
大皿に盛りつけるテクニックを学びましょう。

真ん中に1カ所、具のかたまりを盛ることで、盛りつけの中心ができてキリッとまとまる。

大皿に盛りつけるときは、周りから取り分けやすいように数カ所に分けて具のかたまりを盛りつけて。

ちらし寿司を盛りつける

錦糸卵の黄色、えびの赤、穴子・しいたけの黒、れんこん、鯛の昆布〆の白、木の芽の緑。バランスのよい5色を彩りよく盛りつけていきましょう。ごはんはふんわりと山型に、錦糸卵で全体を覆ってから、具を散らします。

◎盛りつけポイント

具が全種類ひとかたまりになるように散らす

具が全種類行き渡るようにと計算された盛りつけ。全種類の具をひとかたまりになるように盛りつけることで、取り分けやすくなります。

6

干ししいたけを穴子の側に置きます。

7

ゆでえびを穴子のそばに置きます。ゆでえびの赤で全体のバランスを見ながら盛りつけること。

8

最後に木の芽をそれぞれの具のかたまりの上に添えます。緑でグッと印象を引き締めて。

具の色が５色揃っているちらし寿司は、華やかな印象に。

土台が黄色だから鮮やかで印象的。食欲増進の効果も。

1

大皿にこんもりとすし飯を盛りつけます。器の余白を少しあけるのがポイント。

2

ごはんを覆うように錦糸卵を全体に散らします。下のすし飯が顔を出さないように。

3

鯛の昆布〆を５カ所に散らしておきます。均等な幅を保ちながら散らすのがコツ。

4

酢れんこんの半月切りを鯛のそばに置きます。鯛の刺身にかかるような感じで置いて。

5

次に煮穴子を鯛の刺身とれんこんの下あたりに置きます。

刺身を正面に盛りつける

大人数分の刺身を数種類盛りつけるときのポイントをおさえましょう。
奥がけん、手前が刺身の正面盛りからマスターして。召し上がっていただく順番を意識した盛りつけを。

つまとけんは数種類あるとボリュームが出て、彩りが華やかに。

奥にはボリュームのあるけんをこんもりと盛って。

けんの手前に大葉を敷いて仕切りにし、刺身を立てかけるように盛る。

味の薄いものから、右→左→奥というように置くのがポイント。

1

大根のけんを皿の奥にこんもりと盛ります。多めにたっぷり盛るのがコツ。

2

きゅうりのけんを右側に山型に盛ります。細長い円すいを意識して。

3

海藻を大根のけんの左に盛ります。トサカノリの赤と緑がキレイ。

4

大葉を大根のけんと海藻、きゅうりのけんに立てかけるように置きます。

5

まぐろの赤身を大葉の手前に盛ります。下に４個並べ、上に３個重ねます。

6

まぐろの左手前にかんぱちを５切れ、立てて盛りつけます。

7

かんぱちの右横に鯛のそぎ造りをこんもりと重ねて盛りつけます。

8

鯛のそぎ造りの右横に赤貝をこんもりと盛りつけます。

9

赤貝の手前に、有頭の甘えびを中心に向けて盛りつけます。

10

よりにんじん、食用菊、わさびをバランスを見ながら添えます。

刺身を四方に盛りつける

現代のテーブルでの大皿盛りには四方正面の盛り方が向きます。
見た目にも華やかさが増し、取り分けやすいので、お客様にも喜ばれます。ぜひ、マスターしてみましょう。

四方に大葉をけんに立てかけるように置いて。

真ん中にはけんを山型にこんもりと盛りつけて。

わさびは丸めて4カ所に置いて、かわいらしい印象に。

1人分ずつ正面盛りにするのがコツ。

1

大根、にんじん、きゅうりのけんを混ぜ合わせて大皿の真ん中に山型に盛りつけます。

2

けんのまわりに4枚の大葉を立てかけるように置きます。

3

まぐろの角切りを2個ずつ、大葉の前にそれぞれ盛りつけます。

4

まぐろの右横に、かんぱちを1切れずつまぐろに立てかけるようにそれぞれ盛りつります。

5

鯛のそぎ造り2切れをまぐろの手前にたたみながら、それぞれ盛りつけます。

6

赤貝は鯛のそぎ造りの右横にそれぞれこんもりと盛りつけます。

7

甘えびを赤貝の右横にそれぞれ1尾ずつ盛りつけます。

8

最後に食用菊を甘えびの右横にそれぞれ置き、わさびとよりにんじんをバランスを見ながら置きます。

◎盛りつけポイント

1人分が正面盛りになるように盛る

四方盛りの特徴は、どの方向から見ても1人分が正面盛りになっているところ。食用菊の飾りで、1人分の領域を知らせるのも粋なテクニック。

焼き魚を盛り合わせる

切り身の焼き魚を大人数分盛りつけるときのポイントをおさえましょう。
丸い大皿にはらんを敷き、その上に盛りつけます。日本料理の盛りつけの基本も覚えましょう。

はらんを大皿に合わせて切って敷き、その上に盛りつけて。

焼き魚は２段にして高さをつけて盛りつけるのが美しく見えるコツ。

あしらいは１人分ずつ取りやすいように、大根おろしも小さく丸めて。

右手前にあしらいものを置くのが、日本料理の盛りつけの基本。

1

はらんを大皿の大きさに合わせて切り、葉先を左上に向けて敷きます。

2

焼き魚４切れは向きを揃えつつ、動きが出るように並べます。

3

その上に焼き魚を３切れ重ねます。上に重ねることで取り分けやすくなります。

4

大根おろしを小さく丸めて、人数分を右手前のはらんに重ねて盛りつけます。

5

大根おろしの左手前にかぼすのくし形切りを人数分、重ねて盛りつけます。

◎盛りつけポイント

一番上に1～２枚
取りやすいように置く

大人数分の盛りつけは、取り分けやすさを考えて盛りつけるのが最大のポイント。焼き魚は２段にして、上に１～２枚を重ねておくと最初の人が取りやすい。

天ぷらを盛り合わせる

天ぷらは揚げたてをいただくのが一番ですが、盛り合わせるなら、
揚げる順番、食べてほしい順番も意識しながら盛りつけるのがポイント。

えびの天ぷらを盛るときは、尾を上に立てて高さを出して。

奥には魚介の天ぷらを盛りつけて。

天ぷらの敷き紙は２枚重ねにして、角をずらすとキレイ。

手前は野菜の天ぷらを添える。

1

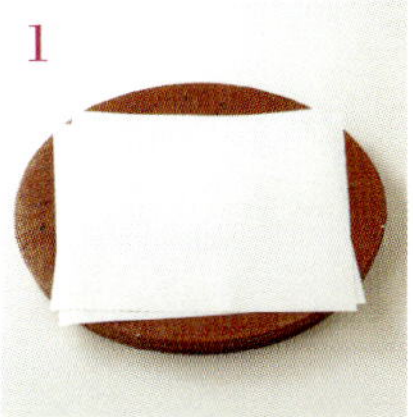

天ぷらの敷き紙は２枚重ねて、上の紙の角を少しずらして敷きます。

2

えびの天ぷらを奥に３尾置きます。１尾は寝かし、もう２尾はそこに立てかけるように。

3

きすの天ぷらは、えびに立てかけるように右手前に盛りつけます。

4

れんこんの天ぷらは、えびの左手前に立てかけるように盛りつけます。

5

しいたけの天ぷらはれんこんの手前に立てかけるように盛りつけます。

6

最後に大葉の天ぷらをきすの手前に立てかけます。

◎盛りつけポイント

**魚介が後ろ、
野菜が手前になるように盛る**

天ぷらを揚げる順番は野菜→魚介が基本ですが、食べてほしい順番も同じなので、野菜を手前に魚介を後ろに盛りつけます。

フリットを盛り合わせる

いかやえびのフリットは、ランダムに盛りつけることがポイント。
平面的にならないようにこんもりと盛りつけ、高さとボリューム感を出して。

揚げ物は平皿に盛りつけることも覚えておきたい基本。

えびといかのフリットは混ぜ合わせて、ランダムに盛るのがコツ。

パセリの素揚げを散らして、香りと彩りを添えて。

レモンのくし形切りを添えれば、明るくおいしそうな印象に。

1

平らな皿に余白を少し残して、フリットを混ぜながら真ん中に平らに盛ります。

2

その上にもう一段、フリットをこんもりと盛りつけ、高さを出します。

3

素揚げしたパセリを全体に間隔をあけながら散らします。

4

粗挽き黒こしょうを上から全体に散らします。黒こしょうも立派な盛りつけのひとつ。

5

レモンのくし形切りを右手前に添えます。

◎盛りつけポイント

揚げ物は熱がこもらないように、平らな皿に盛る

揚げたてのフリットは、深皿などに盛ると熱がこもり、ベチャッとした仕上がりに。平らな皿に盛りつけると、熱がこもらず、サクサクのまま食べられます。

ローストビーフと焼き野菜を盛り合わせる

オーブンで大きなローストビーフとゴロゴロ野菜を焼き上げたら、大皿に盛り合わせましょう。
かたまり肉を盛りつけるときは、オーバルの大皿がおすすめ。

パセリなどの緑を入れて、全体をキリッと引き締めて。

形の大きい焼き野菜を後ろに置くと、安定感が生まれる。

メインのローストビーフは真ん中に並べる。

手前には彩りのよい焼き野菜を添えて。

1

右奥に焼いたじゃがいもを盛りつけます。形のしっかりしたものを最初に置くのがポイント。

2

じゃがいもの左横に焼きしいたけを重ねながら盛りつけます。

3

焼きしいたけの左横に焼きペコロスを盛りつけます。

4

ローストビーフをスライスして器の真ん中から横に並べます。

5

焼きじゃがいもの前に、焼きにんじんを添えます。

6

一番手前に、焼きパプリカを盛りつけます。

7

パセリをバランスを見ながら添え、自然塩を全体にふりかけます。

◎盛りつけポイント

つけ合わせは形の大きいものが後ろ、彩りのよいものが手前

大皿に盛りつけるときは、形の大きいつけ合わせを後ろに、メインの肉料理は真ん中に、赤やオレンジなどの彩りのよいものは手前に置くのがコツです。

筑前煮を盛り合わせる

定番の煮物を美しく見せる盛り方にもちょっとしたコツがあります。
大きな鉢に対して余白を生かしながら盛りつければ、上品な印象に。彩りのバランスを見ながら盛るのがポイントです。

上から取り分けるときに、各種類がまんべんなく散らされるように盛る。

余白をたっぷりとって盛りつけるのが、料亭風に見せるコツ。

2～3回に分けて、こんもりと上品に盛りつけて。

ゆでた絹さやを彩りのバランスを見ながら散らすと、鮮やかな印象に。

1

底に１人分の全種類の具材を盛りつけます。

2

上に各２個ずつぐらいの具がまんべんなく散らされるように盛りつけていきます。

3

さらに高さが出るように、山型に盛りつけます。

4

最後にゆでて半分に切った絹さやを全体のバランスを見ながら散らします。

◎盛りつけポイント

上から１人分ずつ取れるように盛りつける

数種類の具材が混ざっている筑前煮のような煮物は、各種類が数個ずつまんべんなく散らされるように盛りつけます。上から１人分ずつ取り分けられるように意識して。

香の物を盛り合わせる

最後の締めに出される香の物は、選ぶときに色や味のバリエーションを考えることが大切です。
切り方を工夫することが、見た目、食感にも変化をつけるコツ。

奥にはたくあんなどの形のはっきりしたものを置くのが基本。

赤唐辛子の小口切りは、白菜漬けの上にのせてポイントに。

手前から奥に立てかけるように高さを出して盛る。

柴漬けはみじん切りにして山型に盛って。

1

たくあんの拍子木切りを寝かせながら、重ねて盛りつけます。

2

たくあんの左手前に奈良漬けを立てかけるように盛りつけます。

3

たくあんの右手前に白菜漬けをまとめて立てて盛りつけ、赤唐辛子の小口切りをのせます。

4

野沢菜漬けを立てて奈良漬けの手前に盛りつけます。

5

一番手前に柴漬けのみじん切りを山型に形づけて盛りつけます。

◎盛りつけポイント

香の物の味、食感、色で変化をつける

香の物の盛り合わせは、味、食感、色によって変化をつけるのがポイント。彩りを考えながら、高さをつけて盛りつけるのも美しく見せるコツです。

料理を美しく見せるかいしきなどのこと。

かいしきなどのあしらいは料理に取り合わせて色や香りを添え、季節感や見た目を引き立たせるものです。うまく使えばお料理上手といわれること間違いありません。

経木（きょうぎ）

木を柔軟性が出るくらいまで薄く削ったもの。通気性や雑菌性に優れていて、木の香りが料理を一層引き立てます。

はらん

お重の上に料理の仕切りにしたり、日本料理の盛りつけには欠かせないはらん。飾り切りにして添えることも。におい移りを防ぐ効果もあります。

小笹

笹よりももっと小ぶりのもの。小さめの笹の葉をたくさん重ねて皿にのせれば、見た目に華やかさが出ます。

青竹（あおたけ）

和の料理によく使われます。青竹の持つみずみずしさは料理をいっそう引き立ててくれます。夏の風物詩として青竹の器を取り入れると涼しげな印象に。

菊の葉

熱を加えても緑の鮮やかさが失われない特徴を生かして、和食の焼物料理に敷物などとして利用される菊の葉。料理のあしらいとしてだけでなく、天ぷらにしてもおいしい。

松葉（まつば）

常緑で樹齢が長いことから、長寿の象徴とされています。ぎんなんを松葉に刺して盛る、そのまま飾る、葉の2本組の一本を折って折れ松葉にするなどいろいろ使えます。

もみじ

楓（かえで）の葉。新緑の季節や夏の季節感を表すのは緑のもみじを、秋の盛りつけには色づいたもみじを添えて季節感を表します。

龍舌蘭（りゅうぜつらん）の葉

伝統的なものではありませんが、匂いもなく、キリッとした形が洋風にもエスニック風にも使えます。

笹（ささ）

笹の葉には防腐作用があり、料理や食材によく使われます。新緑の笹の葉は、一年中料理のあしらいとして使いますが、春から夏の季節感を表します。

朴葉（ほおば）

「ほお」は「ほう」（包）の意で、大きな葉に食べ物を盛ったことからその名がついたといわれています。そのまま料理に敷くかいしきとして、また、大きいので器にもなります。

Part 2

ワンランク上の
おもてなし
パーティー
テクニック

ヴェリーヌでフレンチなおもてなし

フランス料理で話題のグラス入り料理を、たくさんテーブルにのせてみましょう。
それだけでキラキラ、明るい食空間が広がります。

大きさ違いのグラスに前菜を詰めて楽しむフレンチスタイル

気軽に楽しめるフレンチとして大注目なのが、今話題の「ヴェリーヌ」。もともとは、グラスの中にムースやゼリーなどを何層にも重ねたデザートを指す言葉で、グラスを表す「ヴェール」と「テリーヌ」を合わせた造語のこと。デザートだけでなく、最近はフレンチの前菜にも使われています。大きさ違いのグラスに横から見てもキレイに見える前菜などを色とりどりに重ね、思い思いにテーブルに並べます。明るい窓際のテーブルで楽しむランチパーティーとしてもおすすめ。グラスは陶器や石のプレートなどを使って並べれば、洗練された雰囲気に。前菜をヴェリーヌでいろいろ用意しておけば、簡単なメインディッシュをお出しするだけでも豪華なテーブルになります。新しいスタイルのヴェリーヌパーティーを楽しみましょう。

MENU

焼き野菜サラダ

スモークサーモンのマスカルポーネムース

豆とパスタのマリネ

鶏肉のプロヴァンス風

塩豚のロースト

**1 人分のセッティングは
シンプルな組み合わせで**

ステム（脚）の長いワイングラスと、白いマットな取り皿、ストライプのクロスとフォークというシンプルなセッティング。ヴェリーヌのようなグラスの料理は、取り皿を下皿として使うとおしゃれ。

**白いトレーにヴェリーヌを
直線に並べると、
洗練された雰囲気に**

脚つきの白いトレーに赤の色が鮮やかなヴェリーヌをのせて。まっすぐ並べるのがスタイリッシュな表情を作るコツ。台皿のサイズに合わせ、少し間隔をあけて並べるのがポイント。

黒い石のプレートを
３枚重ねて高さを出し、
テーブルに表情を持たせる

存在感のある石のプレートを３枚重ねて高さを出すのもスタイリッシュに見せるテクニック。テーブルの中で高さを出すことによって、全体にリズム感が生まれ、ヴェリーヌの美しさが引き立ちます。

黒い石のプレートに交互に並べて動きを出す

１枚の黒い石のプレートの上に、ヴェリーヌを交互に並べれば、動きが出て楽しい雰囲気に。鶏肉の上にきゅうり、トマト、オリーブを重ねて盛りつけるから、彩りがキレイ。食べるときに混ぜて。

長いステムのワイングラスでスタイリッシュな印象に

ヴェリーヌを中心にしたテーブルは、タンブラー形のグラスがたくさん並ぶので、ドリンク用には、ステムが長く背の高いグラスがおすすめ。細長いフォルムは洗練された印象を与えます。

メインディッシュは
ボリューム感のある
肉料理を

ヴェリーヌはほとんどが冷たい前菜メニューなので、メインはボリュームのある肉料理を。オーブンに入れるだけでできあがるローストポークなら、時間を有効に使えておすすめ。

サラダ菜と一緒に
取り分ける

メインディッシュのローストポークには、ヴェリーヌの下皿に使っていた取り皿を。サラダ菜を添えて。

グラスに
チャービルを生けて
テーブル花の代わりに

グラスにチャービルをこんもりと盛りつけ、テーブル花として添えます。好みでちぎりながら、料理と合わせて。

タンブラー
直径 6.5cm 高さ 7.5cm
どっしりとしたフォルムが印象的な、ムースを盛りつけたグラス。

石皿（黒）
14×26.5cm 高さ2.5cm
黒くてどっしりとした石皿は、トレーとして使うのにぴったり。

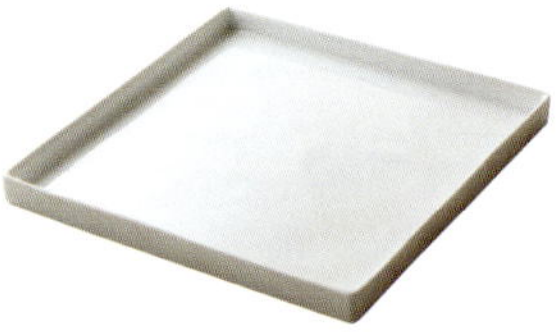

スクエアプレート（白）
24 × 24cm 高さ 2cm
少し立ち上がりのあるシンプルなスクエアプレートは、取り皿と質感を揃えて。

グラス（青）
直径 9cm 高さ 11cm
数種類のクリアなグラスの中に、青いグラスをひとつ置くと、印象的に。

Recipe

焼き野菜サラダ

材料と作り方（4人分）
なす2本は焼きなすにして皮をむき、8mm角に切っておろしにんにく・塩・こしょう・レモン汁・オリーブオイル各適量でマリネする。ズッキーニ1本は縦に1cm厚さに切ってグリルで焼き、8mm角に切って塩・こしょう・レモン汁・オリーブオイル各適量でマリネする。パプリカ（赤・黄色・オレンジ）各1/2個はグリルで焼いて皮をむき、8mm角に切って同様にマリネする。マッシュルーム1パック（約100g）も同様に焼いて8mm角に切ってマリネする。トマト2個は半分に切って種をとり、グリル焼きにして8mm角に切って同様にマリネする。グラスに重ねて詰め、イタリアンパセリを飾る。

スモークサーモンのマスカルポーネムース

材料と作り方（4人分）
スモークサーモン80gは裏ごし、マスカルポーネチーズ110gと牛乳90mlを加えてのばし、味をみて塩・こしょう各少々でととのえてグラスに入れる。サワークリーム15gにレモン汁小さじ1、塩・こしょう各少々でソースを作り、トッピングして冷蔵庫で冷やす。チャービルを飾る。

豆とパスタのマリネ

材料と作り方（4人分）
ミニシェル形のパスタ60gを塩ゆでし、ザルに上げてオリーブオイルをふる。サラダビーンズ240gと合わせ、おろしにんにく・塩・こしょう・レモン汁・オリーブオイル各適量でマリネする。グラスに盛る。

鶏肉のプロヴァンス風

材料と作り方（4人分）
トマト1個は湯むきして8mm角に切り、ケーパー小さじ2、レモンの実1/2個、レモンの皮の刻んだもの1/2個分と混ぜ、塩・こしょう各少々であえる。きゅうり1本もトマトと同じ大きさに切って同様に塩・こしょう各少々であえる。黒オリーブ8個を刻む。鶏もも肉1枚は1.5cm角に切り、塩・こしょう各少々をまぶして小麦粉適量をはたきつけて170℃の揚げ油適量でから揚げにする。粗熱がとれたらグラスに入れ、きゅうり、トマト、オリーブを順に重ねる。全体を混ぜて食べる。

塩豚のロースト

材料と作り方（4人分）
豚肩ロース肉のかたまり600gに、塩6g、グラニュー糖12gを混ぜてまぶし、にんにくの薄切り2片分、ローズマリー3本を貼り付けて密閉袋に入れ、冷蔵庫で4日～1週間おく。途中1日1回程度上下を返す。にんにくとローズマリーを除いて汁けをふき、100℃に予熱したオーブンで1時間焼く。取り出して20分程度アルミホイルをかぶせて保温し、肉汁を落ち着かせてから薄切りにし、サラダ菜適量を敷いた器に盛りつける。

使用した器のこと

タンブラー
直径7.5cm 高さ9.5cm
豆とパスタのマリネを盛りつけたグラス。少し細身で形がかわいい。

ワイングラス
口径5cm 高さ22cm
ステム（脚）が長くて背の高いグラスは、スタイリッシュな印象に。

取り皿（白）
直径15cm 高さ2cm
白の取り皿は、グラスの下皿としても、メイン料理の取り皿としても使えて便利。

タンブラー
直径8cm 高さ10cm
焼き野菜サラダを盛りつけたグラス。径が広い方が盛りやすくておすすめ。

長角皿（白）
11×30cm 高さ2cm
脚がついたプレーンなトレーは、オードブルやグラスを並べるとおしゃれにキマる。

松花堂スタイルで おもてなし

料亭で食べるような松花堂弁当風の素敵なおもてなしをしてみませんか？
お弁当箱の代わりにお盆を使って松花堂スタイルを楽しみましょう。

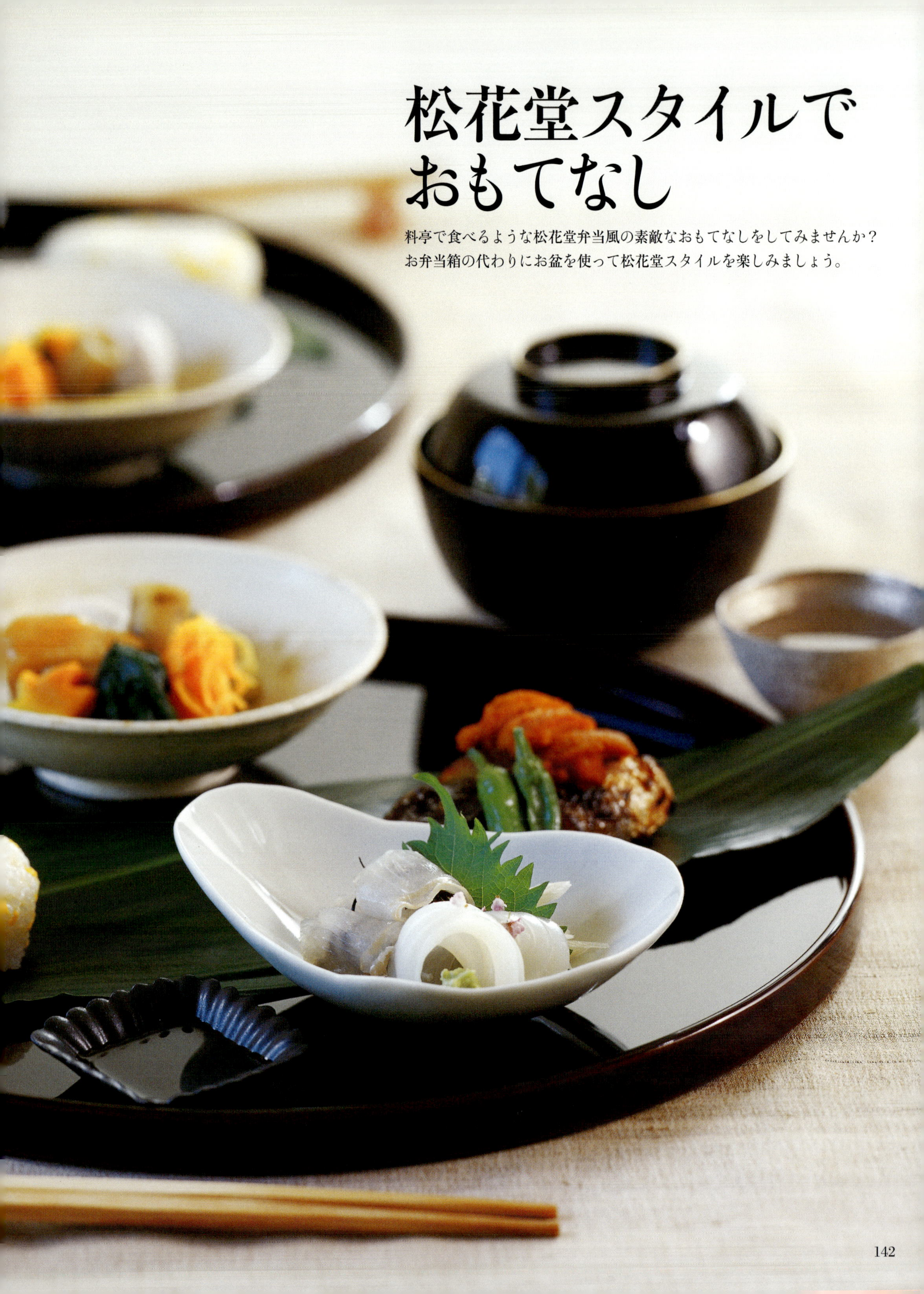

お盆に4品のせた
松花堂風のお料理で
秋のおもてなしを

松花堂弁当といえば、弁当箱の中に十字の仕切りがあり、それぞれに焼き物、煮物、ごはんなどを見栄えよく盛りつけたもの。懐石料理をコンパクトにお弁当仕立てにした形です。家でまねをしたくても松花堂弁当の器を揃えるのは大変。お盆を弁当箱代わりに使いましょう。はらんを斜めに敷いて、ごはんと焼き物を両端に置き、はらんを挟んで2カ所に器に盛った刺身や煮物を置きます。はらんの上にじか置きすることで彩りを添え、高さに変化を出すことによって見た目の美しさを演出してみましょう。お弁当箱がなくても、気軽にワンランク上の松花堂風御膳が楽しめます。秋の食材をふんだんに使った丁寧な和定食でお客様をもてなしましょう。

MENU

- 白身魚のそぎ造り塩昆布挟み、いかの糸造り
- かますのうに焼きとしいたけ田楽
- 鶏の治部煮風、野菜と生麩の炊き合わせ
- 菊花ごはん
- 蓮餅と松茸の澄まし仕立て

**お造りは
変形の和皿に２種盛りで**

変形の和皿には、形の違う２種類のお造りを盛ると素敵。みょうがのけんを奥にのせて、大葉を添えます。その前に白身魚のそぎ造りに塩昆布を巻いて立体的に積み、いかの糸造りには花穂じそを散らして彩りを。

**焼き物３種は、
はらんにじか置きする**

焼き物ははらんの上にじか置きしましょう。焼き物を３種類盛る場合は、メインの焼き物に立てかけるようにしてほかの２種類をまとめて盛りつけると美しい表情に。

**光琳菊の型で抜いた
菊花ごはんは
松花堂の象徴に**

日本画家の尾形光琳が描いたとされる光琳菊の模様を形どった型で菊花ごはんを抜くだけで、料亭風に。はらんの上に菊の葉と一緒に盛りつけて秋の風情を印象づけます。

深皿に秋を感じさせる炊き合わせを余白を生かしながら盛る

秋が旬の子芋、にんじん、ごぼうと、ごま生麩、鶏肉を盛り合わせて、ほうれん草、もみじ形の生麩を添えます。彩りのバランスがとれ、美しい盛りつけに。

日本酒は銚子形の器に入れて、スタイリッシュに

松花堂御膳にお酒をお出しするなら、深い茶色の銚子形の酒器を使うとあらたまった雰囲気に。

大きめの松茸を上にのせて季節感を出す

椀ものは、土台になる蓮餅を真ん中に盛り、上に存在感のある松茸を寝かせて。蓋を開けたときにインパクトを与え、季節感をダイレクトに伝えます。

Recipe

白身魚のそぎ造り塩昆布挟み、いかの糸造り

材料と作り方（4人分）

白身魚のそぎ造りは１人３〜５枚用意し、細切りの塩昆布を挟んでたたむ。いか１杯分は糸造りにする。みょうがのけん・大葉各適量とともに盛り合わせ、花穂じその花を散らしてわさびをあしらい、つけじょうゆを添える。

かますのうに焼きとしいたけ田楽

材料と作り方（4人分）

かますは１人分に半身１枚を用意し、塩をふって15分おき、水けをふく。両側から折り込んで串を打ち、焼く。８割ほど焼けたらみりん・しょうゆ各大さじ１、たまりじょうゆ小さじ１を合わせたたれをひと刷毛ぬり、うにを１人大さじ１ずつのせる。さっとあぶって再度たれをかけ、もう一度あぶって乾かし、２〜３回たれをかけて焼き上げる。しいたけ４枚は軸を除いてグリルで焼き、赤田楽みそ（P36参照）適量をのせてさっとあぶり、柚子の皮少々をすりおろしてのせる。ししとう８本はサラダ油を塗ってグリルで焼き、軽く塩をふる。それぞれ盛り合わせる。

菊花ごはん

材料と作り方（4人分）

米２合は昆布5g、塩少々を加えて炊く。菊の花は花びらをはずして酢を加えた湯でゆで、水にとって水けを絞る。炊き上がったごはんに混ぜ、菊形の物相《もっそう》型で抜く。芯の部分に黒ごまを飾る。

鶏の治部煮風、野菜と生麸の炊き合わせ

材料と作り方（4人分）

子芋４個は六方にむき、下ゆでする。水にさらして水けをきり、かぶるくらいのだし汁１カップとともに温め、酒・みりん各大さじ１を加えてコトコトと５分煮、塩小さじ1/4、薄口しょうゆ小さじ１を加えてさらに５分煮、1cm厚さに切ったごま生麸を加えてひと煮立ちさせ、そのまま冷まして味を含ませる。にんじん1/2本はせん切りにして下ゆでし、水にさらして水けをきる。だし汁1/2カップで煮、酒・みりん各大さじ１を加えて３分煮、塩ひとつまみ、薄口しょうゆ小さじ１を加えてさらに３分煮て8mm厚さに切ったもみじ麩を加え、ひと煮立ちさせてそのまま冷ます。ごぼう16cmは４等分に切って下ゆでし、水にとって冷まし、切り口から内輪に沿って金串を深く刺して一回しし、反対側も同様にして一回ししたら、片側から押して芯を抜く（管ごぼう）。だし汁1/2カップで煮、酒大さじ1/2、みりん大さじ１弱を加えて５分煮、しょうゆ大さじ1/2を加えてさらに５分煮て冷ます。ほうれん草２株は塩ゆでして水にとり、水けを絞り、盛りつける直前に子芋の煮汁で温める。鶏もも肉1/2枚はそぎ切りにし、小麦粉をまぶす。酒大さじ３、みりん大さじ１、しょうゆ大さじ1/2を煮立て、鶏肉を加えて上下を返しながら火を通す。野菜類と生麸を温めなおして鶏肉と盛り合わせる。

蓮餅と松茸の澄まし仕立て

材料と作り方（4人分）

耐熱容器（ボウル）にれんこんのすりおろし180g、塩ひとつまみ、片栗粉小さじ２を入れて混ぜ、ラップをして電子レンジで１分加熱する。全体に混ぜてさらに30秒かける。全体が透き通ってきたら粗熱をとり、４等分にして楕円形に丸める。表面に薄く片栗粉をまぶし、170℃に熱した揚げ油で揚げる。松茸１本は石づきを切り落として縦に４つ割りにする。ほうれん草２株は塩ゆでして水にとり、水けを絞って3cm長さに切る。だし汁３カップを温め、塩ひとつまみ、薄口しょうゆ小さじ1/4を加えて吸い地を作る。松茸を加えて火を通し、ほうれん草をさっとくぐらせて温める。揚げたての蓮餅を椀に盛り、松茸、ほうれん草を添える。吸い地を張り、へぎ柚子をのせる。

使用した器のこと

変形皿
11×14cm 高さ3cm
やわらかい白磁の変形皿はモダンな印象に。刺身の盛り合わせがよく映えます。

折敷（丸盆）
直径36.5cm 高さ2.5cm
折敷を器代わりに使うと、格調高い中にもおしゃれな印象に。

深皿
直径15cm 高さ4cm
広めの径の深皿には、炊き合わせを盛り合わせて。薄いアイボリーが料理を引き立てます。

酒器
直径10cm 高さ6.5cm
（取っ手含む高さ12cm）
取っ手が持ちやすい陶器の酒器。お花を生けてもおしゃれ。

お椀
直径12.5cm 高さ6cm
（蓋を含む高さ9cm）
黒の漆器は格調高い雰囲気。松茸の椀もののの高級感を演出して。

蒸《せい》籠《ろ》を囲んで
中華風蒸し物パーティー

蒸籠をテーブルの中心に置いて、アツアツの料理を楽しむ蒸し物パーティー。
蒸籠の蓋を開けるときの湯気や匂いだけで、ごちそう感を表現できます。

蓋を開けたときの
サプライズ感と
アツアツの料理を
取り分ける楽しみ

MENU

くらげと大根のあえ物

白菜と干しえびの蒸しスープ

ホット棒々鶏

白身魚の清蒸

薄切り肉と松の実の蒸しごはん

蒸籠で作る蒸し料理は、蓋を開けた瞬間の湯気や匂いが大のごちそうです。どんな料理が出てくるかという期待感、料理を取り分けて食べる楽しみも味わえます。常にアツアツ、できたての料理を食べられるのもうれしいところ。最初は前菜をテーブルの中央にのせて、乾杯をしましょう。歓談している間に、スープが蒸し上がったら、蒸籠ごとテーブルの中央へ持って行きます。蒸し上がったらすぐに取り分けて、次の料理を蒸す、というように、次々と料理を仕上げていきましょう。常に蒸籠の中に何かがある状態にして、できたてをいただく贅沢を楽しみます。蒸籠を中心にしたテーブルは、取り皿の重ね方や、ナプキン使い、グラスなどの使い方にひと工夫すると、最後までスムーズな流れが作れます。

前菜は一番最初に、テーブルの中心に出す

テーブルをセッティングしたら、まずは前菜をテーブルの真ん中に出して。次から出てくるアツアツの料理の前は、くらげと大根のあえ物でさっぱりと。

最初から最後まで、使う食器をあらかじめセットしておく

蒸籠の蒸し物パーティーは常にいろいろな料理が蒸し上がってくるので、取り皿はあらかじめ料理の数だけ重ねてセットしておくと便利。一番上にはクロスとレンゲを添えて。

アツアツのうちに
ラー油と香菜を添えて

白菜の水分だけで蒸したスープは、重ねた黒の取り皿の上に置き、お好みで香菜とラー油をトッピング。ラー油は素敵なガラスの器に入れてテーブルの上に出して。

前菜を出している間に
スープを蒸しておく

パーティーが始まって、スープが蒸し上がったら、テーブルにお出ししましょう。蒸籠ごと持っていき、蓋を開けてパーティーを盛り上げます。

次は蒸し鶏をテーブルへ

スープを出したら、耐熱皿の上に鶏肉とチンゲン菜をのせて蒸籠に入れ、すぐに蒸します。蒸し上がってから鶏肉をほぐし、そのままテーブルへ。

黒の角プレートに取り分け、
たれをかけて

棒々鶏のたれはたっぷり作ってガラスの器に入れテーブルにセット。黒い角プレートに取り分けたら、たれをかけていただきましょう。香菜をトッピングしてもおいしい。

**メインのハタの
蒸し上がりに、
アツアツのごま油をかけて
ダイナミックに**

ハタのような大きい白身魚を丸ごと1尾、蒸籠で蒸せば、それだけで豪華なごちそうに。老酒、しょうが、長ねぎを入れて蒸して、白髪ねぎをどっさりのせて見た目のポイントに。上からアツアツのごま油をかけます。

**アツアツのうちに、
白髪ねぎと
一緒に取り分ける**

やっぱり蒸したてが一番おいしい。取り皿にサーバーでアツアツの蒸し魚を山型を意識しながら取り分けましょう。

**一番下の取り皿に盛り、
香菜を飾って**

白い角皿に蒸し魚を取り分け、香菜を天盛りにして洗練されたイメージに。しょうゆとたまりじょうゆのたれをかけて。

最後は
蒸しごはんで締める

蒸籠パーティーの締めは、蒸しごはん。豚肉と松の実をのせて蒸すから、うまみたっぷりのホカホカごはんを食べることができます。ごはんの上にのせる豚肉は山型に盛り、あとで天盛りに香菜を添えます。ごはんの器から1/3ぐらい上になるように盛りつけることで、上品なイメージに。香菜は自由にトッピングしていただきましょう。

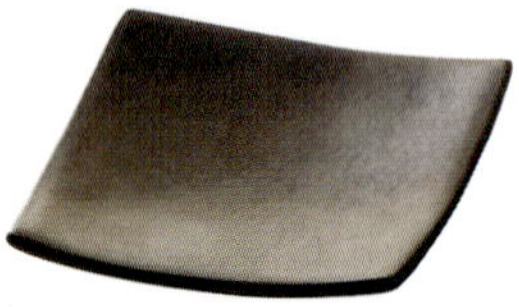

スクエアプレート(黒)
15 × 15cm 高さ 1.5cm
少し立ち上がりのあるスクエア形の取り皿。棒々鶏を取り分けて。

オーバルプレート
24 × 30cm 高さ 2.5cm
ハタが1尾のるぐらいのオーバルプレート。器に入った貫入がモダンな印象。

スクエアプレート(白)
17.5 × 17.5cm 高さ 2cm
黒の取り皿より、ひと回り大きい取り皿。メインの蒸し魚に。

ごはん茶碗
直径 12.5cm 高さ 6cm
蒸しごはんを盛りつけたのは、シンプルなアイボリーのごはん茶碗。肉と香菜が引き立つ。

Recipe

くらげと大根のあえ物

材料と作り方（4人分）

塩くらげ100gは80℃程度の湯につけて縮ませ、水にとってもみ洗いをしてから新しい水につけ、塩抜きをする。かすかに塩味が残るくらいになったらしっかり水けを絞り、食べやすい長さに切る。酢・しょうゆ各大さじ1、砂糖小さじ1と1/2強、ごま油小さじ1であえ、冷蔵庫で半日おく。大根10cmは細切りにして塩水に浸してしんなりさせ、水けを絞る。長さを半分に切った貝割れ大根1パックと大根を合わせて塩・ごま油各適量であえる。大根と貝割れ大根を盛って真ん中にくらげを盛る。

白菜と干しえびの蒸しスープ

材料と作り方（4人分）

白菜の中心部1/4株分（250g）をみじん切りにする。干しえび10gはひたひたの水で戻し、みじん切りにする。白菜と干しえび、干しえびの戻し汁を混ぜ、酒大さじ1、しょうが（みじん切り）1/2片分、長ねぎ（みじん切り）15g、塩小さじ1/4を混ぜて器に盛り分け、ラップで蓋をして蒸籠にセットする。蒸籠用の鍋に湯を沸かし、蒸籠をのせ、弱火で約1時間蒸す。白菜の汁けが出てスープ状に。香菜とラー油をトッピングする。

ホット棒々鶏

材料と作り方（4人分）

ごまだれを作る。耐熱容器に酒大さじ2をラップなしで電子レンジに1分かけて煮きり、練りごま大さじ2に加えてのばす。砂糖小さじ1、酢・しょうゆ各大さじ1を加えて混ぜる。鶏のむね肉1枚は細切りにし、塩ひとつまみ、酒大さじ1、しょうがの絞り汁少々をもみ込み、耐熱皿にのせて老酒少々をふり、蒸籠にセットする。蒸籠用の鍋に湯を沸かし、蒸籠をのせ、約3分蒸す。いったん取り出して身をほぐす。チンゲン菜2株を縦に4つ割りにして鶏肉の周りに並べ、蒸籠に入れてさらに約5分蒸す。もう一度身をほぐす。ごまだれを添える。

白身魚の清蒸

材料と作り方（4人分）

20cm前後の白身魚（ハタなど）はうろこと内臓を除いて水洗いをし、軽く塩をふって1時間おく。水けをふいて表側に十字に切り目を入れて耐熱皿にのせ、老酒大さじ2をふり、長ねぎの青い部分1本分としょうがの皮1片分をのせて蒸籠にセットする。蒸籠用の鍋に湯を沸かし、蒸籠をのせ、強火で約10分蒸す。ねぎとしょうがの皮を除き、長ねぎのせん切り1/2本分と、しょうがのせん切り1片分を混ぜてのせ、煙が立つくらいまで熱したごま油大さじ1をジュッとかける。皿に取り分けて香菜をのせ、たれ（しょうゆ・たまりじょうゆを各大さじ1ずつ混ぜる）をかける。

薄切り肉と松の実の蒸しごはん

材料と作り方（4人分）

豚バラ薄切り肉150gは1cm幅に切り、酒大さじ1、砂糖小さじ1/2、オイスターソース小さじ1、塩ひとつまみ、しょうゆ大さじ1/2、五香粉小さじ1/4をもみ込む。温かいごはん1.5合分にごま油小さじ1と1/2、塩ひとつまみを加えて混ぜ、ローストした松の実30gを加えて混ぜる。茶碗に盛り分け、豚肉をのせて蒸籠にセットする。蒸籠用の鍋に湯を沸かし、蒸籠をのせ、約10分蒸す。香菜をトッピングする。

使用した器のこと

変形皿（白）
25×26cm 高さ4cm
葉っぱの形のような白いプレートには前菜を盛りつけてモダンチャイニーズ風に。

グラス
口径7cm 高さ8cm
紹興酒用のグラスは、少し形の変わったものを選んでテーブルをスタイリッシュに。

スープボウル（緑）
直径11cm 高さ5.5cm
ぽってりとした温かみのあるスープボウル。ボウルごと蒸してアツアツに。

蒸籠
直径33.5cm 高さ8cm
（蓋含む高さ15cm）
特大サイズの蒸籠はひとつあるとさまざまな料理を蒸し上げることができる。

変形プレート（白）
直径24cm 高さ2.5cm
ふちのラインが素敵な変形プレート。耐熱性だから、蒸籠で蒸してもOK。

オードブル・おつまみの盛りつけ

数種類のオードブルやおつまみを素敵に見せる盛りつけのテクニックで、ワンランク上のおもてなしをしてみましょう。

一皿にオードブルを盛り合わせる（大人数分）

大皿で盛るときは、ソースやレモン、葉っぱやハーブなどの添え物と一緒に盛りつけるのがおすすめ。１人分ずつ小さい器に盛り分けて並べるのもおしゃれな印象に。

プレート（柄入り） 直径24cm 高さ2cm／北欧っぽい花柄のプレート。

タンブラー 直径8.5cm 高さ7cm／どっしりとしたグラスはソースやおつまみ入れにも最適。

皿の上にグラスをのせて盛り合わせる

ソースなどを添えるときは、グラスに入れて高さに変化を出すと盛りつけやすくなります。また、グラスのふちにレモンやハーブなどを引っかけると取りやすく、見た目の驚きにもつながります。グラスの周りにおつまみを盛り合わせて。

木のトレー 7×28cm 高さ1cm／濃い色合いの木のトレー。

ケース 5.5×5.5cm 高さ3.5cm／カジュアルで軽いプラスチック製。

トレーの上にケースをのせて盛り合わせる

大皿盛りのダイナミックさとは違い、小さな器に入れて並べるとおしゃれな印象に。器の大きさと並べる間隔、配色を考えて台を選びます。特にソースやたれをかけるもの、あえ物など取り分けにくいものは、小さい器に入れて並べるとお客様も手に取りやすくなります。

一皿に数種類を盛り合わせる(日本料理／１人分)

２カ所に離して盛る、真ん中にひとかたまりにして盛るなど、日本料理ならではのルールがあります。
皿の形によっても変わるので、ポイントを押さえましょう。

葉の上には、料理を２～３種類ずつひとまとまりにして離して盛る

丸皿には葉っぱを敷いて視覚の変化をつけます。葉っぱは右手前から葉先を左上に向けるのが基本。葉っぱの上に２カ所ぐらいにそれぞれひとまとまりにして料理を盛り合わせて。皿全体の料理の種類が奇数になるようにすることもポイント。

小さい角皿には中央に寄せて盛る

小さい皿の場合は、ひとかたまりになるように寄せて盛る。かためて盛る場合は、形のしっかりしたものを奥に土台として盛り、それに添えて立てかけたり寄せたりして２～３種を盛り合わせます。

長角皿には、奇数の料理を2つに分けて盛る

角皿、長角皿に盛るときは、左手前と右奥にかたまりを作って盛り合わせるのが日本料理の盛りつけの基本。ここでも、皿全体の料理の種類が奇数になるように盛るのがポイントになります。

数種類のチーズを盛り合わせる

オードブルといえば、いろいろな銘柄のチーズとドライフルーツ、ナッツの組み合わせ。
おいしいワインを持ち寄って、素敵な盛りつけでパーティーを盛り上げましょう。

大人数分は大きめトレーにホールごと盛る

チーズは好みで各自カットして取れると楽しい。小さいカッティングボードやチーズボードに数種類のチーズを大きいままのせ、ナイフを添えて。ドライフルーツやナッツも小さいグラスに入れていっしょに並べるとおしゃれな印象に。水分の多いフェタチーズなどは、下に葉っぱを敷いて。

カッティングボード　24×36cm 高さ 2.5cm／奥行きがあるとナッツ類も盛れる。

グラス　直径 8.5cm 高さ 8.5cm／薄手のグラスにはナッツやドライフルーツを。

1人分はプレートに取り分けて盛り合わせる

1人分を盛るときは、ドライフルーツ入りのパンやクラッカー、いっしょに食べるドライフルーツやナッツなどを盛り合わせましょう。パンは薄切りに、チーズと添えるものは種類が豊富なほうが見た目も楽しく、食べるときにも変化がつくのでおすすめです。

プレート（白）直径 27cm 高さ 3cm／いろいろ盛れる大きめのプレート。

サンドイッチを盛り合わせる

パーティーの定番として欠かせないサンドイッチ。
いつも同じ表情を見せるサンドイッチも工夫次第で素敵な一品に早変わり。食べやすさも考えて盛りつけて。

オーブンシートで包んで カゴに盛り合わせる

サンドイッチをビュッフェ風に出すとき、時間が経つと乾燥しておいしくなくなるのが困りもの。そんなときは、オーブンシートを使った口を開いたキャンディー包みがおすすめ。上部をあけておくことで中身が見えて選びやすく、見た目もかわいくなります。この包み方は丸い形のパンを使ったサンドイッチに向いています。

カゴ　13×24cm 高さ 5cm／大きめのカゴにざっくりと盛りたい。

一口サイズに切り、竹串で刺してピンチョス風に

サンドイッチというと横に並べることが多いものの、時間が経つとパンと具材がはずれて盛りつけが乱れるのが気になります。そこで、縦に重ねて竹串で刺すことでピンチョス風に。1人分ずつ取りやすくなり、時間が経ってもくずれずにすみます。

変形トレー　14×19cm 高さ 1cm／アートなトレーに盛ってインパクトを与えて。

ハム・サラミを盛り合わせる

オードブルといえば、ハム、サラミの盛り合わせ。
とりあえずで出す場合も、おしゃれな盛りつけで。簡単なのに、ゲストに喜ばれる盛りつけを覚えましょう。

中央にイタリアンパセリを置き、周りに並べる

取り分け用に盛るときは、どうしてもペタッとなりがちなので、中央にグラスを置き、あしらう葉っぱなどをさして彩りと高さに変化をつけます。周りに盛りつけるハムも一部を折り曲げてちょっと動きをつけると素敵な印象に。

巻いてピックで刺して盛り合わせる

ハムなど薄いものは、1枚ずつくるっと巻いてピックで刺すと、形も変わっておもしろいうえ、取りやすくなります。丸める、ウエーブをつけて刺す、グリッシーニ（クラッカーのような細長いスティック状のパン）に巻くなど、いろいろ取り合わせると楽しい。

1人分はプレートにサラダ用葉もの野菜と盛り合わせる

1人分を盛り合わせるときには、サラダ用葉もの野菜をプレートの奥に盛りつけ、それに立てかけるように少したたんで盛り合わせると形に動きが出ます。ハムのピンクに葉もの野菜の緑が加わると彩りが美しくなります。

盛りつけ用語事典

盛りつけをもっと楽しく、料理をもっとおいしく作るための用語集。
用語の意味を知ることは、盛りつけ上手になるはじめの一歩です。

【あしらい】
日本料理の添え物のこと。刺身や前菜はもちろん、焼き物、揚げ物などに添えられる。青味や香味野菜、若芽などが多く、料理の彩りとして欠かせないもの。

【かいしき】
日本料理を盛る器の上にのせる葉のことをさす。緑の彩りを添え、季節感などを演出するもの。はらん、松葉、笹葉、いちょう、もみじの葉などがある。

【キュイジーヌ】
フランス語で料理、料理法のこと。また調理技術、台所をさす。オート・キュイジーヌ(haute cuisine)は高級料理、ヌーヴェル・キュイジーヌ(nouvelle cuisine)は新しい料理のことをさす。

【鞍かけ】
馬の背に置く、鞍《くら》をかたどった形をいう。また料理にソースをかける際、とろっとしたものをかける方法をいう。

【スタイリッシュ】
カッコいい、おしゃれな、という意味。洗練された料理、盛りつけをさす。

【ステム】
英語のstemに由来する外来語で軸という意味。またワイングラスの脚をさす。ワイングラスは一般的にワインを注ぐ丸い本体（ボウル）、脚（ステム）、台（プレート）からなっている。

【セルクル】
側面の枠だけで底のない型のこと。サラダや前菜をきれいに詰めて器に盛れば、レストラン風の盛りつけに。サイズは直径6㎝、8㎝ぐらいの小ぶりのものがおすすめ。

【つけ合わせ】
別名ガルニチュールと呼ばれる、西洋料理の野菜の添え物のこと。ベビーリーフやトマトなどの生野菜の添え物やゆで野菜、炒め野菜も含まれる。

【天盛り】
煮物や焼き物、あえ物など、器に盛りつけた仕上げに、刻んだ香味野菜や香辛料などを盛りつけの頂点にのせること。料理全体の見た目、味のアクセントになる。

【配色】
盛りつける際に、もっとも重要な要素のひとつ。料理をおいしく見せる色の組み合わせは、赤、黄、緑、白、黒の5色。シンプルに単色でモダンに見せる場合もある。

【バースプーン】
柄の長いバースプーンは、ソースやドレッシングなどを仕上げにお皿に落として模様を描くときに便利。すくう部分が小さめのものがおすすめ。

【フェミニン】
女性らしいこと。料理では女性らしい料理をさす。また軽さとやさしさを併せ持ったワインの形容にも使われる。

【ふりかけもの】
盛りつけの仕上げにふりかける細かく切ったパセリなどの青味、粗挽きこしょう、七味唐辛子などの粉ものなどをさす。緑のふりかけものは赤い料理にふりかけると彩りが華やかになる。

【平面盛り】
盛りつけに高さを出さず、真上から見て模様になるようにする盛りつけ方。もともとは大人数の料理を盛る場合に、取り分けやすくするために盛られたもの。

【モダンチャイニーズ】
広東料理をベースに西洋のテイストを取り入れた中国料理をモダンチャイニーズという。器を始め、食材や盛りつけなどに西洋風のエッセンスがちりばめられている。

【盛りつけ箸】
箸先が細長くなっている盛りつけ専用の箸。細かく切った素材などを美しく盛りつけたいときに。少し長めの22㎝のもの、軽くて持ちやすいものを選んで。

【山型盛り】
立体感、ボリューム感を出すための盛りつけ方。あえ物やお浸しを上品に盛るときは円すい形をイメージして、真横から見て1／3くらいが出ている状態が一番キレイ。

【リム】
リム（rim）は直訳すると円形のもののふちやへりのこと。料理用語ではお皿のふちをさす。リムの幅の広さによって、料理の見え方も違ってくるのでいろいろなタイプを揃えていると便利。

【矢羽根模様】
矢羽根とは矢の上部に取り付けられている鳥の羽根のこと。ワシ・タカ・キジなどの翼の羽と尾羽が用いられ、矢の飛行方向を保つためにつける。その様子を模したものをソースなどで模様描きすること。

Profile

久保香菜子（くぼ・かなこ）

料理研究家。母親譲りの料理好きが高じて、高校生の頃から京都の老舗割烹「たん熊北店」にて懐石料理を学ぶ。同志社大学英文科卒業後、辻調理師専門学校に入学し、調理師免許、ふぐ調理免許を取得する。辻調理師専門学校出版部を経て、東京の出版社で料理書の編集に携わった後、独立する。料理製作、スタイリング、レストランのメニュー開発・テーブルコーディネート、編集など、食に関してジャンルを問わず精力的に活動中。著書には『美しい盛りつけの基本』（成美堂出版）、『始末の料理』（角川SSコミュニケーションズ）、『1日350gの野菜生活』（講談社）などがある。

HP　http://www.kk-cooking.com

美しい盛りつけのアイデア

著　者　久保香菜子《くぼかなこ》

発行者　風早健史

発行所　成美堂出版
〒162-8445　東京都新宿区新小川町1-7
電話(03)5206-8151　FAX(03)5206-8159

印　刷　凸版印刷株式会社

ISBN978-4-415-30966-8

Staff

撮影　松島　均

デザイン　mill design studio

構成・編集　丸山みき（SORA企画）

編集アシスタント　根津礼美（SORA企画）

スタイリングアシスタント　塚田貴世

調理アシスタント　涌井波留香（エーツー）

企画・編集　成美堂出版編集部　森　香織